感じあう 伝えあう
ワークで学ぶ児童文化

村中李衣 編著

金子書房

はじめに

　これまで，保育や幼児教育にかかわることをめざす人を対象とした，さまざまな「児童文化論」が展開されてきました。そもそも子どもにとって「文化」とはなにかという議論や，児童観の変遷，児童文化財のよしあしを論じるもの等，その内容は，著者の主たる研究領域に準じて多様に展開されています。しかし，そのテキストを用いて学ぶひとりひとりが，自分の歩んできた道を振り返り，子どもと文化のかかわりを自分のことばで主体的に考えていくものは，ほとんどありません。頭では理解しても身体を通して「わかった」という手応えがないと，多分そのテキストは，授業が終われば，本棚に並べられたまま，その後の子どもたちと共に歩む時間の中で繰り返し開かれることはないでしょう。

　そこで，本書は，今この時に，自分と子どもと，そしてこの社会の成り立ちについて考えたことを自分のことばでテキストに書き残していくワークブック形式をとることにしました。子どもがよく生きるために，あるいは子どもと幸せに生きあうためにわたしたち大人や社会に必要なまなざしはなにかを常に考え続けるその足取り自体が児童文化の一端を担うと考えます。拙いなりにもワークブックを用いた学びに取り組むことで，最終的に〈わたしの児童文化論〉を学習者ひとりひとりが持てるようにすることをめざしています。

　このワークブックでは，各章ごとに，実際のワークや，仲間と１つのテーマについて語りあう体験をしてもらいます。そして，自分の身体をくぐらせたことばをワークブックに直接書き記していきます。この作業を通して，考えたこと，仲間と考え続けたことがあなただけのものがたりに編まれていきます。ものがたりというと，たいていの人は，絵本や童話の本の中の物語をイメージするでしょう。でも，このワークブックで大切にしていく「ものがたり」とは，人間として生きていること・生きていくことの断片を繋ぐ意思，あるいは覚悟のようなものです。この世に誕生し，家族や学校という社会の中で他者と出会い，傷つき，励まされ，悩み，愛を知り，少しずつ成長していく過程の中で，常に編み続けていく「ものがたり」。その編み目を確かめ，自分の内側に潜ませていた「子ども」との出会い直しも果たしながら，新しい「ものがたり」の可能性を探っていくことが，「児童文化」を学ぶひとりずつに託された明日の課題

だと考えます。

　各章でこのワークブックを利用したみなさんが，自分がかつて子どもであったこと，そしてその場所からもうずいぶん遠くまで歩いてきてしまったこと，だからこそ目の前にいる子どもたちとかかわる賢明なまなざしを鍛えることができるのだということ，そんなこんなをどんなふうに発見していくのか，ワークブックの最後のページにたどり着いた時にはっきりと結果が見えることでしょう。

　発見や問い直しを恐れない。面倒くさがらない。これこそ，子どもが生き進む文化の道そのものです。さぁ，楽しみに，１章ごとのワークの扉を開けてください。

　　　新しい春に

村中　李衣

児童文化を学んだあとにどんな自分になっていたいか，学びに向かう気持ちを書いておきましょう。

本ワークブックの使い方

　それぞれの章に〈ワーク〉がありますので，指示に従って，行ってください。直接書き込めるようにワークシートを設けています。この書き込みがあなたの児童文化を考えていく足跡になりますから，じっくり取り組んでください。ワークシートをコピーしてそちらに書き込み，あとで，このワークブックに貼り付けても構いません。ワークの課題には意表を突くものもあります。〈え？　マジで？　なぜこんなことをやるの？〉と疑問が浮かぶかもしれません。実は，この戸惑いや，〈こんなのは勉強じゃない〉と思う心の中に，子どもを見る視線や世界をつかまえる概念の固定化された罠が潜んでいるのです。素直に手抜きせず，ワークに取り組んでください。必ず思いがけない発見があるはずです。

　次に〈討論〉。実際に試みたワークを中心に，自分ひとりで考えたことをもう少し発展させたり，深めるための話題が提示されています。小グループやみんなで集まって話しあい，そこで学び得た事柄を，書き込んで整理しましょう。

　章によっては，〈討論〉で出てきた考えをさらに充実させたり，多角的に考えたりできるように，〈**さらに深く考えてみよう**〉というコーナーがあります。ここは，じっくり読んで心に留めておくだけでもよいし，ここを読んだあとでふたたび〈討論〉を深め直してもよいでしょう。

　続く〈ブックガイド〉は，それぞれの章のテーマに関して学べる参考文献を紹介しています。レポートを書く際などに利用してください。章によっては，絵本や児童文学作品が，テーマに関する学びのヒントになる場合もありますので，それも適宜紹介しています。

　〈味わってみよう〉を読んでもらうと，絵本や児童文学作品の中でこの章のテーマがどんなふうに扱われているか。言い換えれば，子どもたちや社会の様をわかりやすく映し出した物語の中で，各章のテーマがどんなに重要なものであるかを確認できるようになっています。できれば，実際の作品を手に取って読んでもらいたいと思います。

　最後に〈まとめ〉として，今一度それぞれのワークのねらいとどんなことを学んでほしかったかを記しています。ここは，学びの振り返りのために使ってください。

　また，どの章にも〈コラム〉がついています。テーマにかかわるちょっとした読み物です。「児童文化」が机上の学問でなく，わたしたちの日常生活の中に息づいていることを実感してください。

もくじ

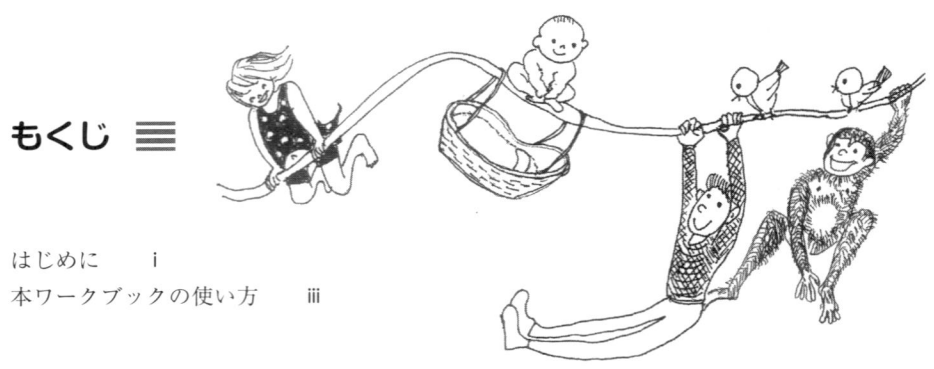

はじめに　i
本ワークブックの使い方　iii

第1章　世界をどう見るか
―― 子どもの立ち位置で世界を見渡してみよう　1
- ワーク 1　わたしの地球　2
- 討論　縮尺マジック　6
- 味わってみよう＊『ZOOM　ズーム』　8
- COLUMN・はやいはやい　9

第2章　子どもの中に流れる時間
―― 子どものまなざしで時の流れを感じてみよう　10
- ワーク 2　1分間の冒険　10
- 討論　目覚まし時計のプレゼント　12
- さらに深く考えてみよう　時間の捉え方・教え方いろいろ　12
- 味わってみよう＊『ロージーちゃんのひみつ』　15
- COLUMN・その日ってどの日？　16

第3章　自分ものがたり
―― 子ども時代の何気ない出来事を語り直してみよう　17
- ワーク 3　自分ものがたりに挑戦　17
- 討論　子ども時代の記憶の受信器　21
- さらに深く考えてみよう　児童文学作品に反映される自分ものがたり　22
- 味わってみよう＊『記憶の小瓶』　24
- COLUMN・あしたのものがたり　25

第4章　子どもと経済
―― 子どもを巻き込む消費社会のしくみを調べよう　26
- ワーク 4　駄菓子から見えるもの　27
- 討論　子どものおこづかいの実態と消費行動　30
- さらに深く考えてみよう　子どもの消費者教育　32
  子どもの貧困問題　32
- 味わってみよう＊『ぼくはレース場の持主だ！』　34
- COLUMN・駄菓子屋スピリット　36

iv

第5章　子どもとヒーロー
　　── ヒーローの魅力と変遷を調べよう　37
　　ワーク 5　　わたしの子ども時代のヒーロー　37
　　COLUMN・「ベッドサイドのウルトラマン」　39
　　討　論　「正義」と「悪」　42
　　さらに深く考えてみよう　ヒーローの変遷　44
　　味わってみよう＊『行け！シュバットマン』　47
　　COLUMN・ヒーローへの憧れ　48

第6章　子どもとサブカルチャー
　　── 子どもがはまるゲームの功罪について考えよう　50
　　ワーク 6　　子ども時代にはまったゲーム　50
　　討　論　少年犯罪とマンガ・アニメの影響　55
　　さらに深く考えてみよう　サブカルチャーの長所と短所　56
　　　　　　　　　　　　　　　マンガは子どもを「バカ」にするか　57
　　味わってみよう＊『選ばなかった冒険』　60
　　COLUMN・ゲームの威力　61

第7章　子どもと遊び
　　── 遊びのいろいろを体感しよう　62
　　ワーク 7　　ままごと遊び　62
　　討　論　遊びの中で育つ生きる力　64
　　さらに深く考えてみよう　ごっこ遊びの意味　65
　　味わってみよう＊『ちさとじいたん』　68
　　COLUMN・ふーふー　70
　　ワーク 8　　風と遊ぶ　71
　　討　論　土・火・水を発見する遊びを考えよう　73
　　さらに深く考えてみよう　子どもをとりまく環境と遊び，体験活動　74
　　味わってみよう＊『からだのみなさん』　76
　　COLUMN・ゆり組さんの旅人　77

もくじ　v

第8章　子どもと絵本・子どもと読書
　　　　── 物語の力について考えよう　78

◇子どもと絵本　78
- **ワーク 9**　絵本の読みあい　79
- 討論　読み聞かせの時，心配なこと　82
- さらに深く考えてみよう　絵本を読む声　82
- 　　　　　　　　　　　絵本読みで一番大切なことは？　83

◇子どもと読書　87
- **ワーク 10**　ミニ読書会を開こう　91
- さらに深く考えてみよう　ライトノベルと物語のパターン　94
- COLUMN・なんどでも，なんどでも　98
- 読みあい本リスト100冊　99

第9章　ことば・声・いのち
　　　　── 声の力，語りの力を感じてみよう　102

- **ワーク 11**　あなたの声が届きました！　102
- 討論　子どもに届くことば　104
- さらに深く考えてみよう　残したい声，ことば　105
- 　　　　　　　　　　　沖縄に伝わる昔話　106
- 味わってみよう＊『番ねずみのヤカちゃん』　110
- COLUMN・紙芝居──声の文化を守るということ　111

第10章　子どもと自然・子どもと社会
　　　　── 子どもをとりまく自然と社会のあり方を考えよう　113

◇子どもと自然　113
- **ワーク 12**　くつしたのはら　113
- 討論　自然との出会い　118
- さらに深く考えてみよう　子どもと科学との出会い　119
- 味わってみよう＊『雑草のくらし』　123

◇子どもと社会　124
- **ワーク 13**　遠い国の友だちへのおもてなし　124
- 討論　日本に不法滞在していた一家の国外退去問題　127
- さらに深く考えてみよう　日本社会における子ども問題　128
- 味わってみよう＊『ぼくの見た戦争　2003年イラク』　130
- COLUMN・「子ども」を社会科学するということ　131

おわりに　132

第1章 世界をどう見るか

子どもの立ち位置で世界を見渡してみよう

　子どもは世界をどのように見ているのでしょうか。子どもたちのまなざしのありようについて考えることができる詩に，金子みすゞの「こころ」があります。

　　　こころ
　　おかあさまは
　　おとなで大きいけれど、
　　おかあさまの
　　おこころはちいさい。

　　だって、おかあさまはいいました、
　　ちいさいわたしでいっぱいだって。

　　わたしは子どもで
　　ちいさいけれど、
　　ちいさいわたしの
　　こころは大きい。

　　だって、大きいおかあさまで、
　　まだいっぱいにならないで、
　　いろんなことをおもうから。

（金子みすゞ童謡集『わたしと小鳥とすずと』
矢崎節夫（選），JULA出版局，1984）

　子どもが捉える「大きい」「小さい」は実際の大きさではなく，子どもが感

じている大きさなのですね。

　もう1つエピソードを紹介します。新幹線のぞみが開通した時のキャッチコピー「のぞみが走って，日本が縮む」を知った5歳のAくんは，おかあさんを見上げて「おかしいなぁ。のぞみに乗ってどこへでも行けるようになるんでしょう？　ぼくの日本地図はぐ〜んと広がるのになぁ」と言いました。Aくんの心の世界では，のぞみに乗って旅をすることは，心の地図を「広げる」ことになるのです。

　子どもは，大人とは違うまなざしで世界を見ているのです。

　この章では，子どもの世界を見るまなざしについて考えてみましょう。

♠ ワーク1：わたしの地球

　最初のワークは，科学を楽しむために小学校での仮説実験授業として提案されているものです。まずはトライしてみてください。

　用意するもの：　鉛筆（赤・黒・青）

① 　3ページのワークシートに，黒鉛筆で直径13cmの円を描きましょう。
　　＊地球の直径は1万3千kmといわれていますから，あなたが描いた円はちょうど，1億分の1の地球ということになります。
② 　描いた地球に，世界で一番高い山（エベレスト山）と，一番深い海溝（マリアナ海溝）を赤鉛筆で書き加えてください。
③ 　次に，みなさんが見上げると頭上に広がる青空（成層圏）を青鉛筆で描いてください。
　　＊ワークシートにおさまるでしょうか？　はみ出してしまいそうですか？
④ 　最後に，スペース・シャトルはどのへんを飛んでいるか，黒鉛筆で描き，宇宙ステーションの位置も記してください。

　（注）このワークは，平林浩「『1億分の1の地球』を描く」（『授業・科学をたのしむ』太郎次郎社，1991，pp.282〜283）をもとに作成したものです。

ワーク１：わたしの地球

描き終わったら，周りの人と絵を見せあって，見比べてみてください。
＊エベレストやマリアナ海溝の大きさは同じですか？
＊青空の厚さはどうですか？
＊スペース・シャトルの飛び方，宇宙ステーションの場所はどうでしょうか？
＊描いた大きさは，ひとりひとりそれぞれ違うことに気づきましたか？

では，実際に計算してみましょう。

　　エベレスト山の高さは？　　　　8,848m→1億分の1にすると _____mm

　　マリアナ海溝の深さは？　　　　10,924m→1億分の1にすると _____mm

　　青空（大気）は？　　　　　　　約50km→1億分の1にすると _____mm

　　宇宙ステーションまでの距離は？330km→1億分の1にすると　　3.3mm

　計算してわかった大きさで描き直してみましょう。スペース・シャトルは，なんと1億分の1の地球では地上3mmのところを飛んでいるんですね。思いのほか近いことに驚きましたか？　それとも思ったより遠かったでしょうか？
　このワークを通してどんなことがわかりましたか？　わかったこと，気づいたこと，今の気持ちを書きましょう。
　＊正しい縮尺で描いた空や宇宙ステーションまでの距離と，自分が感じている距離に違いはありましたか？
　＊正しい縮尺の長さを知った時の感覚はどのようなものでしたか？

気づきメモ

ここで大切なことは，このワークで感じた感覚を，子どもの世界観と向きあうヒントにすることです。

　たとえば，正しい縮尺による青空を描いたあとで，子ども時代に見上げた青空はもっともっと高かったと感じた人もいるでしょう。いつかスペース・シャトルに乗って宇宙探検したいと願い，憧れる宇宙ステーションは，もっともっとはるか遠くにあると感じた人もいるでしょう。その感覚は，実際の距離とは異なるから間違いとはいえません。

　同様に，子どもたちが，人の真上に大きなニコニコ笑う太陽を描くこと，ゾウさんと自分が同じ大きさで横に並んでいる絵を描くこと，それらは，単なる幼さの表れとは言い切れないでしょう。このように描く子どもの心，世界を見るまなざしについて，自分の考えを書きましょう。

わたしの考える子どもの心・子どものまなざし

第1章 ● 世界をどう見るか

♣ 討論　縮尺マジック

　子どもたちが大好きな絵本の1つ『ぐりとぐら』（中川李枝子（文），大村百合子（絵），福音館書店，1967）をヒントに，子どものまなざしの自由さについて話しあってみましょう。

　『ぐりとぐら』には，森の動物みんなで食べても余るほどの大きなカステラが出てきます。このカステラは，野ねずみのぐりとぐらが森で拾った大きな卵からできています。さて，この卵が，絵本の見開きいっぱいに登場した時，読者も絵本の中に引き込まれて「わ〜大きい卵！」と思いますが，よく考えてみると，ぐりとぐらの大きさほどの卵ということは，野ねずみとほぼ同じ大きさの卵。つまり，わたしたちが日常目にしている卵の大きさなのです。この卵1個でできるカステラを，ゾウやライオンなどなど，森の動物みんなで分けあえ食べあえるわけもありません。しかし，絵本の世界では，とてつもなく大きな卵とだれもが感じ，できあがったカステラをみんなで分かちあう幸福に浸ります。つまり，読者は，画家の大村百合子が描いた物語の世界の中だけで通用する縮尺マジックに，作中人物ともども，かかっているのです。ここには，絵本の中だけで了承される絵本世界の「まなざしの了解事項」があります。

　このような縮尺マジックのかかった世界に，子どもは日常的に生きているのではないでしょうか。子どもは自由自在に自分が大きくなったり，小さくなったりして，さまざまなことを捉えているのではないでしょうか。子ども特有の縮尺マジックについて，自分の経験や，子どもの日常を観察して思い当たる例を考えてみましょう。

　　例　地べたにしゃがみこんで，アリの巣をのぞき込み，枝の先っぽで穴の中の道をたどろうとしている子どもを見かけました。あの時の少年は，人間の目線でちっぽけな穴を見つめていたのではなく，自分もアリになって深く長い土の中のトンネルをたどろうとしていたように思います。大人は「小さなアリの巣をいじって壊してはかわいそうよ」などと子どもに声をかけがちですが，そうした声かけによって，ハッと我に返ったように顔をあげる子どもを見ていると，（あぁたった今まで，この子はアリ穴の探検隊だったんだ，小さな生き物をいじめるとかいじめないとかいうような枠組みを持つ人間世界から離れたところに心を遊ばせていたんだなぁ）と気づかされます。

縮尺マジックの例

◎ ブックガイド

1．『異文化としての子ども』本田和子，紀伊國屋書店，1982
　　子どもたちのささやかな日常の振る舞いをどう読み解くか，これまでの大人の固着したまなざしで切り取ることを放棄した時に見えてくる晴れ晴れとした子どものありようについて，独自の身体言語を用いて語られています。
2．『子どもの宇宙』河合隼雄，岩波書店，1987
　　臨床事例や児童文学作品の読み解きをベースに，子どもの内面世界の豊かさを，多様な角度から見せてくれます。
3．『〈子供〉の誕生——アンシャン・レジーム期の子供と家族生活』
　　フィリップ・アリエス（著），杉山光信・杉山恵美子（訳），みすず書房，1980
　　「子ども」という概念が近代の産物であること。それ以前は「小さい大人」として扱われ，大人と共同の社会の中に組み込まれていたこと。これらを前提に異なる場所での子ども観の変遷についても，じっくり語られています。
4．『子ども学　その源流へ——日本人の子ども観はどう変わったか』
　　野上暁，大月書店，2008
　　日本における子ども観の変遷をたどりながら，現代の子どもたちが置かれている状況に風穴を開けるための手立てを〈子ども学〉という学びのスタンスから考えていきます。

5．『子どもを見る目を問い直す――古田足日講演の記録』古田足日，童心社，1987

　児童文学作家である著者の講演録。『トム・ソーヤの冒険』など児童文学作品の中で表現された子どものありようをヒントに，子どもを見る大人の枠組み自体を問い直そうとしています。

◇ 味わってみよう

『ＺＯＯＭ　ズーム』イシュトバン・バンニャイ，復刊ドットコム，2005

　「ヒトデ？」と思ったら実は鶏のトサカの一部で，それを見ている子どもたちがいると思ったらそれは箱庭の人形で，その人形で遊んでいると思った少女は，実は雑誌の表紙で，その雑誌を持ってうたたねしている青年は豪華客船のデッキにいて，その豪華客船は実は都会の真ん中を走るバスの宣伝ポスターで……というふうに，ここがまなざしの基点と思う場所がどんどん覆されていきます。けれど「そこに在る」ということだけは決して変わらない。

　子ども時代に，あるいは子ども時代を理解し寄り添うために，どのようなまなざしを鍛えていけばよいのか，1ページずつめくりながら，自分に問いかけてください。

> **まとめ**
>
> 　子どものまなざしの自由さは，大人にとって「愛らしさ」や「幼さ」「未熟さ」と捉えられがちです。でも，決してそうではなく「1つの物の見方」であることを忘れないでください。子どもなりの根拠があるのです。それをしっかり受け止め，世界を大人の枠にはめていこうと急かさないでいたいものです。

COLUMN

はやいはやい

　夏休み。新幹線に乗り込んだお兄ちゃんと妹。背中のちっちゃな青いリュックと、さらに小さなピンクのリュックサックが愛らしい。お兄ちゃんは5歳，妹は3歳くらいだろうか。

　発車のベルが鳴って，新幹線がすべるように走りだした。「うぉっ，はやい」とお兄ちゃん。妹もまねして「はやいはやい」。新幹線は次第に加速していく。「おお，はやいはやい」。お兄ちゃんの興奮がその声から伝わってくる。「はやいはやいはやい」「はやいはやいはやいはやい」。お兄ちゃんは新幹線と自分を一体化させて，ますますスピードをあげていく。妹も隣で，足をバタバタさせて，はやいはやいお兄ちゃんを応援している。

　ところが，前の座席を両手でつかんでいたお兄ちゃんが急にくるりと向きを変えた。進行方向に背を向け，窓の外に向かってなにやらぶつぶつ言っている。こうなると，どうしても，その謎の行為の意味が知りたくなってくる。耳をそばだてていると，「あ，だめだ。あああ，はやっ。だめだっ……」を繰り返している。「お兄ちゃん？」妹がお兄ちゃんを見上げて不安そうに声をかけた。

　「だめだ。はやすぎる！　追いつけないや」お兄ちゃんはどうやら，新幹線が抜き去っていく外の光景を，新幹線と逆の方向に新幹線よりはやいスピードで走り抜けていると感じたらしい。時速200ｋｍだろうと時速300ｋｍだろうとその乗り物に乗っている自分はその速さをあっという間に自分のものにしてしまう。自分のいる場所を中心に世界を眺めるのだ。そういえば，空を見上げて「わ～，飛行機はやいな～」とつぶやいていても，実際に飛行機に乗っている時は飛行機の速さよりも，眼下に流れゆく雲の行方が気になる。歌を歌えば　♬はやいなはやいなまどのそと～畑もとぶとぶ家もとぶ～　決して　♬はやいなはやいなぼくの汽車～　とはならないのである。

　さて，先ほどのお兄ちゃん，いくどかの窓の外体験をしたあと，ぼそっとつぶやいた。「やっぱり，外にはかなわん」。すでに5歳の心の中には，自分という中心の場所と周辺世界とのせめぎあいがある。追いつけない外の世界をにらむ目が忘れられない。

第2章 子どもの中に流れる時間

子どものまなざしで時の流れを感じてみよう

　子どもは時間をどのように捉えているのでしょうか。また，子どもにはどのような時間が流れているでしょうか。子どもたちには時計に制約されない，自分の内に流れる時間があるような気がします。子どもの内なる時間を大事にすることを周囲の大人は忘れずにいたいものです。

　内なる時間を不自由な方向へ制御してしまうものの1つに，〈時計が示す時間〉があります。時計の針が教える時間に代表される外からの時間は，大人の指示命令とともに，拘束力をもって子どもを支配するのです。

　保育園や幼稚園に行くようになると，「～の時間ですよ」と，起きてから眠るまでひと続きだった時間が区切られ，その区切られた時間の中で行動することをたびたび求められるようになります。外から区切る時間にうまく対応できない子どもも出てきます。自分の身体や心が納得していないうちにどんどん「～の時間」が押し寄せてきて，苦しく感じる子どももいるのです。

　この章では，外から規制される時間枠（ここでは仮に時計の時間と呼ぶことにしましょう）と，子どもの中に流れる内なる時間について，考えてみましょう。

♠ ワーク2：1分間の冒険

① ペアを作り，向かいあって立ちます。無言で相手の顔を見つめあい，1分間経過したと思ったところで，座ります。タイムキーパーは，1分間きっかりで，合図をします。

　＊2人で感じた1分間は，思ったより短かったでしょうか？　長かったでしょうか？

② 同じように，お互いの好きなこと（映画やファッション，最近読んだ本のことなど）を話しあいながら，1分間経過したと思ったところで，座ります。タイムキーパーは，1分間たったら，合図をします。

＊1分間は短かったですか？　長かったでしょうか？

＊無言で向かいあっていた1分間と比べてどうでしたか？

③　今度は，ジャンケンで勝った方が母親役，負けた方が子ども役になり，母親役の人は，子ども役の人に向かってじっと顔を見つめながら1分間ガミガミと叱り続けましょう。

＊叱る側，叱られる側が感じる1分間はどんなふうだったでしょうか？

④　最後に着席して，ひとりずつノートや紙に指定された絵（お姫様，車，ライオン，赤ちゃんなど）を描きます。そして，1分間たったと感じたところで，鉛筆を置きます。

　①〜④のそれぞれの時間をどのように感じたのかを，書いてみましょう。

＊さぁ，4種類の1分間は同じでしたか？　違いましたか？

```
┌─────────────────────────────────────────┐
│ わたしの感想                             │
│ ─────────────────────────────────────── │
│                                         │
│ ─────────────────────────────────────── │
│                                         │
│ ─────────────────────────────────────── │
│                                         │
│ ─────────────────────────────────────── │
│                                         │
└─────────────────────────────────────────┘
```

⑤　書けたら，感じたことを話しあってみましょう。

＊人によって感じ方はずいぶん違うはずです。

＊どの場合が長く感じましたか？　短く感じたのはどんな時間だったでしょうか？

＊「あっという間に時間がたつ」とか，「時間がのろのろと過ぎていく」という表現がありますが，それを実感することはできましたか？

＊大人に頭ごなしに叱られている時，子どもの心の中で時間はどんなふうに過ぎているのか，感じることができましたか？　叱っている大人の中で過ぎていく時間もあわせて考えてみてください。

第2章 ● 子どもの中に流れる時間　　11

♣ 討論　目覚まし時計のプレゼント

　もうすぐ5歳になるBくんのおかあさんは，お誕生日にどんなプレゼントをあげようかといろいろ考え，目覚まし時計をプレゼントすることにしました。Bくんはたいへんなお寝坊さんで，毎朝保育園に行くのに，起こすのがひと騒動だからです。自分で起きて自分で1日の行動を始めるようになってほしい。小学校入学前になんとかその習慣を身につけてくれればとおかあさんは願っています。ところが，おとうさんは，これには反対です。小学校に入れば否が応でも規則や時間に縛られるのだから，今のうちは時計の時間なんか気にせずに自由に生きればいい，というのがその理由です。

　あなたは，どちらの考えに賛成しますか？　また，このあとBくんにはどんな見守りやサポートがあればいいと思いますか？　自分の考えを書いてグループで話しあってみましょう。

```
話しあいメモ
_____
_____
_____
_____
_____
```

◆ さらに深く考えてみよう　時間の捉え方・教え方いろいろ

　子どもに時間をどのように教えたらよいでしょうか。

　日本では，小学校に入るまでに時計の読み方ができるようにという暗黙の学習めやすが掲げられ，親たちが時計を通して時間を教えることが多いようです。小学校2年生になると〈時計の読み方〉や〈時計の時間の計算〉を授業で学ぶことになります。日頃家ではデジタル時計に慣れているので，アナログの時計を新たに買い求め，読み方を練習させるという家庭もめずらしくありません。

これは，全世界の子どもたちに共通な学びの道筋なのかと思っていましたが，実はそうではありません。スウェーデンの小学校で最初に時間の概念を学ぶのは，月の満ち欠けからです。月の満ち欠けと，自分たちの生きている地球の関係から，流れている時間を感じるという学びをしているのです。人は，なぜ24時間を1日と決めたのか。なぜ1か月が30日だったり31日だったりするのか。どうして，2月だけは28日なのか。〈時刻の読み方〉や，〈時間の長さのはかり方〉とは異なる宇宙の時間を実感する学びに，ハッとさせられます。

　また，イタリアの小学校では，高学年になるとミイラの作り方を知るという授業から，人間の歴史と時間の流れを学ぶことも，行われているようです。この授業は，「死」や「腐敗」「保存」といった日本では敬遠しがちな事項をキーワードに，人間の営みと時間の繋がりに焦点を当てていきます。歴史を，いつだれがなにをしたという事柄だけで教え込まないのです。

　時間はいったい過去から未来へと流れているのか，それとも未来から過去へと流れているのか，人間がどの位置に立って，時の移ろいを感じ取るかによっても異なってきます。また，そもそも時間は流れてはいない，時間は動かずそこに在って，人間がその中をさまよい歩いているのだという考え方もあります。時間は，時計の中に隠れているわけでもなければ，「はい6時ですよ」「7時ですよ」と人間が行動するための区切りサインでもありません。

　時間の不思議さや果てなさと向きあうことは，現在を生きているという実感を重層的に強めてくれます。子どもたちに時間の問題をコンパクトに取り扱いやすくして手渡すことが，本当の大人の役目なのかどうかじっくり考えてみてください。

　子どもたちは生まれ出でて間もないので，次なる死までの時間をイメージすることは難しいでしょう。でも子どもが一緒にいる大人，特におじいちゃんやおばあちゃんには，死が遠からずあるため，時間は切なく尊いものとして，引き寄せられています。また，親は仕事や煩雑な社会的立場に追われ，いつも「あぁ時間がない」と嘆いています。こんなふうに時間の抱え方の違う者たちが1つ屋根の下に集っていることが，実は価値観の違いを認めあうことにも繋がっているのではないでしょうか。なにをおもしろいと思うか，なにを美しいと感じ，なにに涙するのか……。時間との向きあい方の違いを手がかりとして考えることも，他者理解・子ども理解のアプローチの1つです。

◎ ブックガイド

1．『時間意識の社会学──時間とどうつきあうか』加藤秀俊，PHP研究所，1987
　　対象を子どもに絞ることなく，現代人にとっての時間環境の問題を解き明かします。人間にとって「時間」とはいったいなんなのか，根本的な問いと向きあうことができます。
2．『絵ときゾウの時間とネズミの時間』
　　本川達雄（文），あべ弘士（絵），福音館書店，1994
　　時間の流れは誰にとっても同じだと考えている人のために，生き物の体内時間を含め，子どもにもごまかしなく説明できるよう時間の不思議をわかりやすく解説しています。
3．『しゃっくり１かい１びょうかん──こどものためのじかんのほん』
　　ヘイゼル・ハッチンス（作），ケイディ・マクドナルド・デントン（絵），灰島かり（訳），福音館書店，2008
　　１秒間の長さは，どんな時でも変わらないけれど，それを受け止める人の間で１つずつの時間はさまざまな表情を見せてくれる。人と時間との関係をやさしい目線で語ってくれる絵本です。
4．『チックタックじかんってなあに？』ベス・ユーマン・グレイク（作），
　　ハーベイ・ワイス（絵），もりひさし（訳），偕成社，1970
　　時計の針で刻まれる時間，昨日・今日・明日，春夏秋冬……さまざまな時間の流れを区切って理解するのではなく，積み重なり続いていくものとして伝えてくれる古典絵本です。
5．『子供誌』高田宏，新潮社，1993
　　子どもの内部に古い時間が流れているという独特の視点から綴った章「童どもの時間」が興味深いです。その他の章も，「内なる子ども」に目を凝らし，当たり前だと思いがちな事象に新しい光を当てようとするエッセイ。歌うこと，遊ぶことについての論述も今なお新鮮です。

◇ 味わってみよう

『ロージーちゃんのひみつ』
モーリス=センダック（さく・え），中村妙子（やく），偕成社，1969

　　　　　　　　　　ロージーは好奇心旺盛な女の子。いつも突拍子もないことを思いついては，友だちたちをわくわくさせます。ある日，ロージーは友だちと一緒に魔法使いの登場を待ちます。
　　　　　　「そうね。でも，とっても　しずかに　してなきゃだめよ。」
　　　　　　そこでみんな，しーんとして，一言も口をきかずにその瞬間を待ちます。
　　　　　　とても長いこと，みんな黙って座っている，このじーっと魔法使いの訪れを待つ時間は退屈でないのです。残念ながら今日は魔法使いが来そうにないことがわかると，「でも　あしたは　くるかもしれないよ。」「あしたは，あたし，はやく　くるわ。ながいことまてるように。」と口々にいいます。ただ，じっと待つだけなのに，まだ会ったことのない魔法使いを思いながら過ごす時間は，彼らにとって充分なお楽しみの時間なのです。その晩「きょうは　なにをして　あそんだの」と母親に聞かれた子どもたちは「することが　ありすぎて，じかんが　たりなくなったから，あした　また　やりなおしを　するんだ」と答えます。
　　子どもたちの内なる時間のありようをじっくり味わってみてください。

まとめ

　わかっているようでわかっていない「時間」そのものの存在について考える章でした。子どもたちが自分の生きる速度の中で「時間」を意識するのではなく，大人からの「早くしなさい。時間がないわ」「きちんと時間を守りなさい」という命令ことばの中で，正体のわからぬままに時間を意識するようになっていくのは残念なことです。自然界の成り立ちや身の回りのあれこれ，そしてわたしたち自身が今日を生きていることに目を向け，「時間」とはなにかを，子どもたちと共に考えてみましょう。

COLUMN

その日ってどの日？

　息子が小学生の頃の算数ドリルにあった問題です。
「よしおくんは，その日，夜9時に寝て朝8時に起きました。その日は何時間眠ったのでしょうか？」
　ドリルの答えを見ると 12－9＝3　3＋8＝11　答え 11時間となっていました。でも息子は「え～，朝起きるまでがその日なの？　その日の眠った時間は0時から始まってお昼になって夜になってまた午前0時になるまでじゃないの？　ぼくは，その日の午前0時から起きた時間までと，その日眠ってから午前0時までの時間を足さなきゃいけないのかと思ったぁ～」と納得がいかないようでした。わたしたちがリアルに生きる時間の中での「その日」と，カレンダー的に流れる時間を24時間で区切る時の「その日」は異なるようです。
　そういえば，除夜の鐘の108回の鐘の音は決して大晦日の日に撞き終わるわけではありません。107回までを大晦日の日の夜に撞き終えて，最後の108回目は午前0時新年になってから撞くのが正式だそうです。つまり，大晦日の行事といいながら，古い時間と新しい時間をまたいで事は起こされるのです。時間は点で捉えるものではなく，あくまでもAからBへの流れの中で捉えられるものなのですね。

第3章

自分ものがたり
子ども時代の何気ない出来事を語り直してみよう

　子どもたちの日々泣いたり笑ったりする出来事。それらは，その日限りで完結するものでも，幼い日々のスナップとしてアルバムに収められ，あとで眺めてなつかしがられるものでもありません。とりたてて大騒ぎをするような事件でも記念すべきイベントでもなかったのに，大人になっても，心のどこかに，その時の幼い自分が鮮明なまま生きている。あの時はうまく言えなかったことばで，大人になったわたしに囁きかけてくる。日頃は忘れているけれど，なにかの拍子にふうっとわき上がってきて未解決のままだった感情がわき上がってくる……というようなことは，誰にもあるでしょう。そうした経験こそが，大人になった自分の人となりに，意外にも大きな影響を与えていたりするものです。

　この章では，ライフイベントといえるような大げさな出来事ではなく，何気ないことではあるけれども，ずっと心に残っている出来事を整理しながら，「わたしがわたしになっていく過程」を感じてみましょう。また，そうした経験はどのように，子どもの身体を通して記憶・記録されていくか。経験の受信器として，五感の大切さも感じながら考えていきましょう。

♠ ワーク3：自分ものがたりに挑戦

① 　小学校低学年くらいまでの記憶を振り返りながら，今も強烈に心に残っている場面や忘れられない出来事を1つ選んで，ワークシートに書き出してみましょう。
　＊どうしても思い出したくない記憶を無理やり呼び起こす必要はありません。
　＊思い出せる身体の感覚（色やにおい，音や広さや手触り，まぶしさや食感など）も，なるべく忠実に書いてください。
　＊メモ欄や物語の背景は，自分ものがたりを書き出すための情報整理に使ってください。

②　自分の綴ったものがたりに関係があるかもしれない社会の出来事や当時の世相・風俗・流行を調べて書きましょう。
③　書き終わったら，小グループで発表しあいましょう。
　＊聞いている人は，語られている場面の中でもっと詳しく知りたいことやわからない部分があれば積極的に質問しましょう。
　＊質問を受けて答えた内容も，あなたの中で眠っていた大事な記憶ですから，赤ペンで書き加えておきましょう。
④　他の人の前で自分ものがたりを語ること，他者の自分ものがたりを聞いて，発見したことや考えたことを書いておきましょう。

発見したこと・考えたこと

=== ワーク３：自分ものがたりに挑戦 ===

題名：	
年齢や時期：	
キーワード： *人・もの・こと等	
ものがたりの背景： *家族構成，その場の見取り図，地図等，ものがたりを初めて読む人に必要と思われる情報	
この出来事は当時の自分にとって快（＋），不快（－）？　当てはまるものに○をしてください					
＋	－	＋⇒－	－⇒＋	＋と－が交互	どちらともいえない
も　の　が　た　り　の　本　文					

当てはまるものに○をし，下に思いつくことをできるだけ具体的に記入してください（複数可）

空間	質量	光	味覚・食感	形状	声

色	匂い	皮膚感覚	音	その他

＊ワーク3　記入例

題名：	怖いよ、ママは
年齢や時期：	不明（小学校？）
キーワード： ＊人・もの・こと等	お母さん、弟2人
ものがたりの背景： ＊家族構成，その場の見取り図，地図等，ものがたりを初めて読む人に必要と思われる情報	家族構成：お母さん、弟2人 どこのいるか：イオンモール倉敷のお菓子コーナー

この出来事は当時の自分にとって快（＋），不快（－）？　当てはまるものに○をしてください

＋	⊖	＋⇒－	－⇒＋	＋と－が交互	どちらともいえない

ものがたりの本文

私には弟が2人います。ある日、お母さんと私と弟でイオンモールに行きました。私と弟はまっさきにお菓子コーナーに行きお菓子を選んでいました。その当時流行っていた自動販売機が目に入りました。「あっ、あった。これこれ。」と思いながらお母さんに「ママこれ買って！！」と聞くと、「買いません。」と言われましたがねばりお願い！」と言ってみました。しかし「買わんて言ったら買わん」と言われ、私と弟はしぶしぶお菓子コーナーにそのお菓子をおいて違うお菓子を買ってもらいました。その時の何言ってもうちのお母さんは駄目だと言ったら駄目なんだと思い知りました。
今でもそれが少し怖くて、何か大きな事（相談を必要とする時）をうけはビクビクしてます。
※因みに当時の私はその言葉を言われて、黒と青がまじった空間になげとばされた気持ちでした！

当てはまるものに○をし，下に思いつくことをできるだけ具体的に記入してください（複数可）

(空間)	(質量)	(光)	味覚・食感	(形状)	(声)
イオンモールのお菓子コーナー	サラサラ	イオンモールのライト		▭←	お母さん、弟

色	匂い	(皮膚感覚)	(音)	その他
		ゴツゴツ	カチャカチャ	

♣ 討論　子ども時代の記憶の受信器

　子ども時代の経験はどのようにして記憶され，大人になったあなたにどんな影響を与えているのでしょうか。

　1つずつの出来事の記憶には，「ちょうどカーテンが開いていてまぶしい光が差し込んでいた」「台所でこげたようなにおいがしていた」というように，思った以上に五感が働いていたのではないでしょうか。グループで分かちあった自分ものがたりの中で多く用いられていた身体感覚や，経験の快・不快と結びつきやすい身体感覚にはどんなものがあったか話しあってみましょう。

　また，ものがたりを丁寧に読み直してみると，出来事とともにいくつかの身体感覚が単独でなく融合しあって1つの心象風景を作っていることにも気づきます。どんな感覚とどんな感覚が結びつきやすいのか，どんな感覚が子どもの記憶を生き生きと支えるのか，チェックしてみましょう。

　さらに，大人たちが気づいていないところで，こうした小さな自分ものがたりを編み続けながら子どもたちは成長していくのだと知ったことで，今後子どもたちの日常の見守りをどのようにしていきたいか，具体的に話しあってみましょう。

話しあいメモ

第3章 ● 自分ものがたり

◆ さらに深く考えてみよう　児童文学作品に反映される自分ものがたり

　児童文学の創作者が子ども時代を振り返って語る自伝や回想記においては，今回のワークであぶり出されてきたような，五感の枠から溢れ出てくる余剰な身体感覚の相互作用をうまく作品に編んでいくことが多いようです。
　1つの例として石井桃子の『幼ものがたり』を見てみましょう。
　「どんなことが，どんな拍子に，子どもの心に深く跡を残すかということは，私には見当もつかない。しかし，その条件については，大変興味をそそられる。」と，まえがきにあります。ここでいう「条件」が，今回のワーク3では，複数の身体感覚の統合過程と関係しているのではないでしょうか。
　また，著者が弟の誕生のシーンに立ち会ったエピソードがあります。「母の胎内からみょうなものがすべりだしてくる」瞬間，いく人かの女たちが「黒い影」のように動いており，自分は「からだもはりさけそうに泣き叫んでいた」。それからややあって，「空が赤く燃えていた」ことや，「細い白いひも」がついていた「真っ赤な鼻緒の草履」が断片的な記憶として重ね綴られています。
　もう1つ，幼い著者の背中にねずみが潜り込んでいたエピソードの中で，次のように綴っています。「きのうのことのように私の目にはっきりうかぶのは，その日の陽光をあびたおまっちゃんの家の縁先と，そこにうずくまっていたねこと，『あたしはがまんしている』と姉に訴えた私自身と，竹箒をふるったおじいさんと，縁の下の板のあいだに走りこんだねずみなのである。」著者の記憶の中では生命の誕生に絡んで「黒」と「赤」という鮮烈な色彩の記憶が立ち現れています。「赤」という色彩の記憶の中には，縁先を照らす「陽光」が重ねられています。
　読み進めていくと，幼い自我が世界を捉え取り込もうとする時に「まるでもうひとりの私が，自分を外から見ていたように，あたりの情景もろとも，心に描ける」のは，自分の身体感覚が記憶の受信器として，いつも機能していたからだとわかります。それは時として「光」と「色」だったり，「光」と「音」であったりしているのです。みなさんは，作家ではありませんが，ものがたりは決して本の中だけに存在するのではありません。今回のワークで，幼少期のさまざまな記憶が，身体感覚と絡みあって大人になった自分を支える1つのものがたりとなっていることを確認できたら，子どもたちの毎日の経験を見守る丁寧なまなざしの糧にしてください。

◎ ブックガイド

1. 『喪失の語り——生成のライフストーリー』やまだようこ，新曜社，2007
　　子どもが成長していくということは「子ども時代を葬っていく」ということでもあります。本書は，喪うということをキーワードに，個人の語りの中に人生の再構成の道筋を浮き上がらせようとしています。語りだすことの意味について深く学ぶきっかけになります。

2. 『ときどきの少年』五味太郎，ブロンズ新社，1999
　　絵本作家五味太郎が自身の少年時代を絵を描いていくように文章で綴っています。五感をフルに発動させて世界と自分のさびしい関係を溜め込んでいた少年時代が見えてきます。

3. 『言葉少年』新沢としひこ，クレヨンハウス，2004
　　子どものためのシンガーソングライター新沢としひこが，幼年時代・少年時代のとりたてて変わったところのない，それでいておかしみにみちた日常を，歌うように書き綴っています。

4. 『幼ものがたり』石井桃子（著），吉井爽子（画），福音館書店，1981
　　〈さらに深く考えてみよう〉でとりあげた作品です。明治末期に兄姉弟たちと過ごした日常が，作者独特の感覚の受信器を通して，強く静かに描かれています。

5. 『右の心臓』佐野洋子，小学館，2012
　　病弱で死の影を背負った兄とその兄への思い入れに縛られた母，幼い弟妹，そして父を，子どもである著者がどう見つめ，どう感じていたのか，ステレオタイプの児童観をはねつける潔く悲しい自伝的小説です。

6. 『はんぶんぺぺちゃん』村中李衣（作），ささめやゆき（絵），佼成出版社，2008
　　これまで不在だった父親と一緒に暮らすようになって，ぎくしゃくしてしまう娘の目から見た世界の果てなさや窮屈さが，身体を通したことばで語られる自伝的児童文学作品です。

7. 『「こどもの本」の創作講座』村中李衣，金子書房，2022
　　本章ワーク3で挑戦した「自分ものがたり」をもとに，ひとつの児童文学作品を仕上げていく道のりが具体的に示されています。また，文章を整えることは自分の感じ方や考え方を整えていく作業でもあることを12のワークを通して自然に学んでいくことができます。

◇ 味わってみよう

『記憶の小瓶』高楼方子，クレヨンハウス，2004

　『まあちゃんのながいかみ』（福音館書店，1995）ほか，たくさんの絵本や読み物を書いている著者の「映像つきでゴチャゴチャと蠢いている」「取るに足りない幼年期」の記憶が描かれています。「ひだまりのうんざり」という章には，次のように綴られています。
　——幼稚園の日々を思うと，明るい陽に縁取られた，のどかな楽しい気持ちと一緒に，うんざりした気分，とでもいうようなものが込み上げてくる。それをずっとたどっていくと，悲しみや，悔しさや，もどかしさや，恥ずかしさに繋がっていることもわかるのだけれど，その手前で生あくびのような気怠さにつかまってしまう。——
　そして，先生に錆びるから粘土を切ってはいけないと言われたはさみで勝手に粘土を切った子どもに，ピカピカのはさみが与えられ，決して粘土を切らなかった自分に錆びたはさみが回ってきたことへの理不尽さが子どもならではの身体感覚で描かれています。
　多くのことばで世界を説明することができない子どもたちが，自らの五感をさまざまに連合させて，その経験を物語化し留めているということ。芸術家や作家は大人になっていく過程の中でそれを取り出し再編集していくのです。幼少時代を語る随筆のような形式で立ち現れる場合もあるし，創作の中に組み込まれる場合もあります。著者の子ども時代の感情や身体感覚がどう表現されているか，味わってみてください。

> **まとめ**
>
> 　この章では，幼い頃の一見取るに足らないようなエピソードが，時を経てどのように保持再生されていくのか，その保持再生のありようを知ることで，保育や幼児教育に携わろうとする人たちの大人として生きることと子ども時代を生きた記憶が効果的に繋がり，子どもと接する時のヒントになることをめざしました。子ども時代のさまざまな出来事における感覚を時に思い出し，それを大切にする大人でいてほしいと思います。

COLUMN

あしたのものがたり

　3歳のCくんは，アトピーがとてもひどく，卵・牛乳・油などの食物アレルギーが強かったので，おかあさんは，一生懸命除去食を作り，寒い朝でも屋外で寒風摩擦を続けるなどCくんの症状がよくなるよう必死でした。そんな様子を遠目に眺めていた近所の方が，自分の家でできた〈ツタンカーメンの豆〉と呼ばれるお豆をカゴいっぱい持ってこられました。

　「『あれも食べられない，これも食べられない』と言われ続けると，子どもの気持ちも縮んでしまう。今夜はこの豆ご飯でも炊いてごらん。そして，明日の朝も食べるといい。びっくりするようなことが起こるから。食事は楽しくなくちゃね」

　子育ての大先輩でもある近所の方にそうアドバイスされたCくんのおかあさんは，言われたとおりに〈ツタンカーメンの豆〉で，豆ご飯を炊きました。白いご飯の間にぽつぽつと緑色のお豆がとてもきれいでした。そして，翌朝。おかあさんは，ジャーの蓋を開けてびっくり。昨日は白地に緑のポツポツだった豆ご飯が，今朝はなんとお赤飯のように赤いご飯に紫色のお豆がポツポツポツ。早速Cくんを呼んで，抱き上げ，ジャーの中をのぞかせました。すると，Cくん，目を真ん丸くしておかあさんを見つめ返し，言い放ったのです。

　「すごーい！　緑色だったお豆が紫色に変身してるぅ。あしたはなに色になるかねぇ〜」

　3歳のCくんにとって，緑色から赤色へ変化することは，赤色が帰着点ではなく，赤色からまた新しい変化が起こるその出発点（ゼロ地点）に立つということだったようです。

　大きくなったCくんは，この時のことをおかあさんから聞かされると，よく覚えていると答えたそうです。

　「朝，ジャーの蓋が開いて，むおっとする湯気とごはんのにおいと一緒に，目に飛び込んできた赤いご飯の中の紫色のぽつぽつ。それが，なんだかあったかくてわくわくするみたいな感じだった」

　湯気を顔に受けた皮膚感覚と嗅覚と視覚が重なりあって，なにか新しい世界に向けた期待感・未来に向けた希望のようなものを3歳のCくんは，感じ取っていたのですね。

　＊ツタンカーメンの豆…1956年にアメリカから日本に輸入されたエンドウ豆。鞘の色は濃い紫色。豆自体は緑色。古代エジプトのツタンカーメン王の墓から出土した豆をもとに発芽・栽培させたものといわれる。栄養価が高い。

第4章

子どもと経済
子どもを巻き込む消費社会のしくみを調べよう

　生活が豊かになった今日，子どもの消費行動は昔とずいぶん様変わりしました。おこづかいをこつこつためてほしいものを手に入れるよりも，親に「～をがんばったから」「成績が上がったから」という理由で買ってもらったり，おじいちゃん，おばあちゃんから「なにかほしいものはないかね？」と愛情の証のように買ってもらう場合が多いようです。

　少し前まで，子どもたちは，わずかばかりのおこづかいを握り締めて駄菓子屋に行き，お店の人とコミュニケーションしながら，1個100円に満たない駄菓子を慎重に選び，買い求めていました。店には，ものわかりがいいとはいいがたい「おばさん」や「おじさん」がいて，学校とは異なる生の情報を交換する子どもたちの会話を，聴くとはなしに聴いていて，いざという時には大人社会と子ども社会の橋渡し役にもなってくれていました。

　商品には「当たり」「はずれ」のクジやオマケのかけひきがあり，明らかにいかがわしい商品文字や毒々しい色彩も混じり，駄菓子屋には狭くて濃密な子ども文化が生まれる素地がありました。こうした中で，子どもたちは社会的学びを経験することができました。

　ところが，今では子ども向けのお菓子はほとんど，大人の目が行き届く明るいスーパーの一角で売られています。うす暗い店の棚から，光の当たる場所に移ると同時に，子どもに特化された市場は消失し，大人社会の経済の枠組みの中に大人と対等に投げ込まれるようになったのです。これは，遊びの質の変化と同じくらい子ども社会のありようを変えてしまっているように思われます。

　この章では，今日の消費社会に生きる子どもたちが知らず知らずのうちに巻き込まれている大人社会の経済の罠に気づき，保護者や保育・教育に携わる者に必要な視点について考えてみましょう。

♠ ワーク４：駄菓子から見えるもの

① ひとり１つずつ駄菓子を買って，持ち寄りましょう。

ヒント・駄菓子ってなに？

> 駄菓子には，大人に向けたいわゆるお茶請け用のざっくばらんな菓子を指す場合と，子どもがわずかな小銭で買える口に入れて長持ちする菓子を意味する場合があります。「駄」ということばには，下等，低俗というようなニュアンスが含まれています。今回のワークで対象とする駄菓子は，後者の子ども向けの駄菓子です。
>
> 最近は，駄菓子屋を見かけなくなっていますが，スーパーやコンビニの「お菓子コーナー」に，「昔懐かしの」というような枕詞をつけて「駄菓子コーナー」が併設されている場合もあります。駄菓子屋さんを模した店舗が，大型スーパーや百貨店の中に入っている場合もあります。もちろん，昔ながらの駄菓子屋さんがまだあるところもあるでしょう。そうした「駄菓子の生き残り場所」を確認することも，このワークの大事な第一歩です。
>
> これが「駄菓子」と思うものを見つけてみましょう。本来の駄菓子とは違った「偽駄菓子」を選んでしまうかもしれませんが，それも貴重な経験です。

② 持ってきた駄菓子のパッケージを，ワークシートになるべく正確にスケッチしましょう。

＊表と裏，どちらもスケッチしてください。

③ ワークシートを記入し終わったら，気づいたことを発表しあいましょう。

＊どこに売っていたのか？　これは本当に駄菓子か？

＊駄菓子のパッケージによく使われる文言や色は？

＊デザインの特徴は？　表と裏のデザインの違いは？

＊成分表示で気づいたことは？

＊製造元を確認しあって気づいたことは？

＊駄菓子とそうでないものでは，同じ子ども向けのお菓子でも，パッケージの表示などにどんな違いがあるのか？

④ 発表をもとに，子どもを消費者のターゲットとして捉える消費社会の構造は，昔と今でどう変わったのか，グループで話しあってみましょう。

ワーク４：駄菓子から見えるもの

表	
裏	

気になる表記	→	調べたこと

| スケッチしたり調べたりして気づいたこと | |

＊ワーク4　記入例

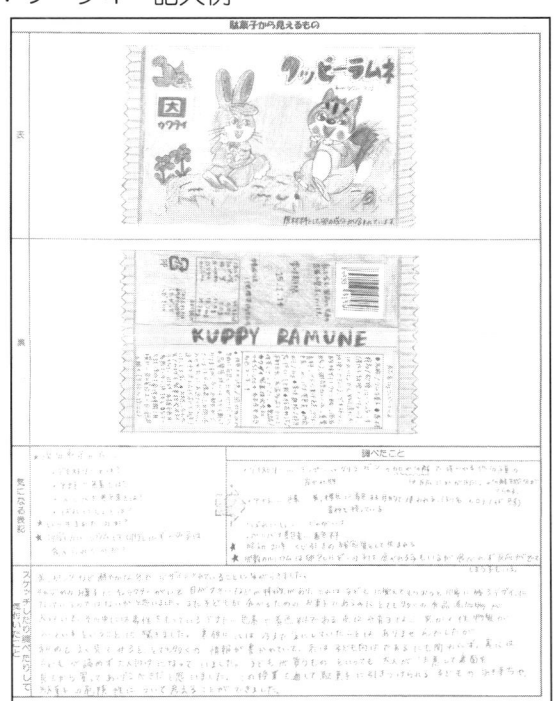

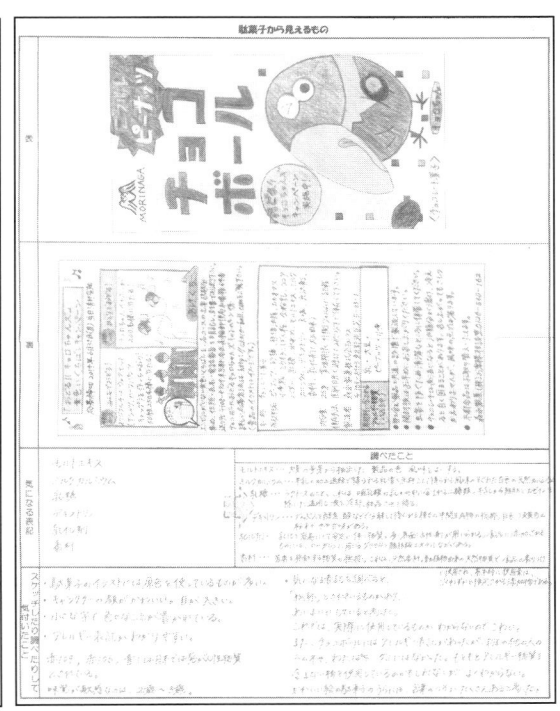

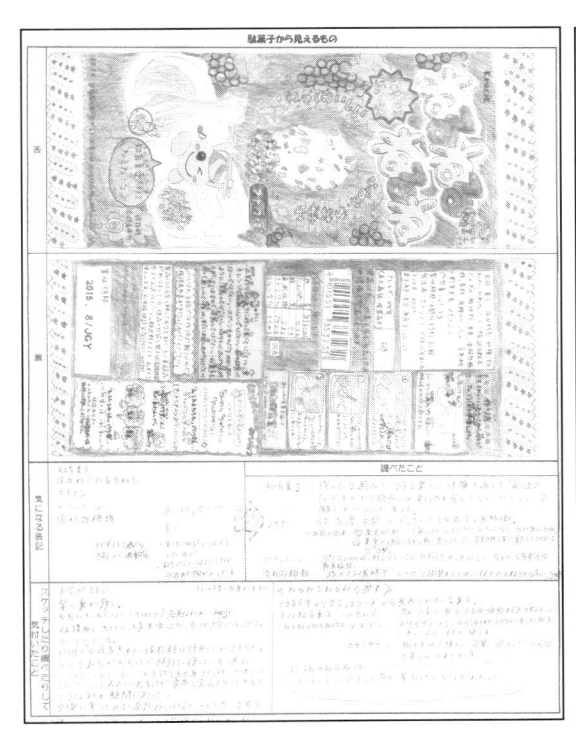

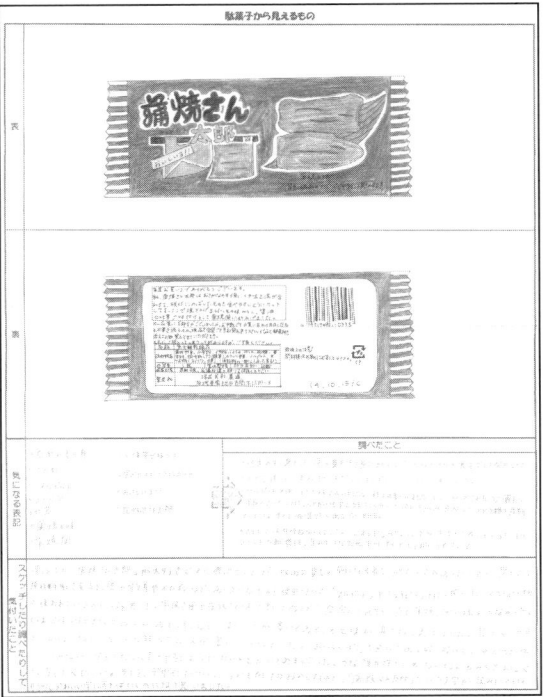

第4章●子どもと経済

グループの話しあいをのぞいてみると……

> Dさんは，他の人のワークシートと見比べる中で「表のパッケージのキャラクターはみんな目が大きくエネルギーに満ち溢れているイメージを強調している。それに，どのパッケージも黄色が多く使われていた。これも元気なイメージをアピールしたいのかな？」と述べました。
>
> Dさんの気づきは，モノづくりの分野における「感性工学」や「ブランディング」と関係する問題だということで，こうした子ども消費者の購買意欲をそそる企業戦略がどのように進んでいるのかを調べてみることに発展しました（『五感刺激のブランド戦略――消費者の理性的判断を超えた感情的な絆の力』マーチン・リンストローム（著），ルディー和子（訳），ダイヤモンド社，2005・『買い物する脳――驚くべきニューロマーケティングの世界』マーティン・リンストローム（著），千葉敏生（訳），早川書房，2008・『エモーショナル・デザイン』ドナルド・A・ノーマン（著），岡本明・安村通晃・伊賀聡一郎・上野晶子（訳），新曜社，2004，等を参考）。
>
> Eさんは，パッケージの裏側に細かい文字で書かれている成分表示に着目し，発ガン性があるとされている着色料（赤1・赤106・青1）を発見して，「小さい頃からわたしも結構食べていました。ショックでした」と話していました。Eさんのグループは，これをきっかけに，駄菓子に含まれている保存料や着色料について，詳しく調査をする方向へ学びを発展させました。

みなさんは，どんな気づきから，どんな研究への手がかりを見出すでしょうか？

♣ 討論　子どものおこづかいの実態と消費行動

子どもの消費行動の変質を裏付ける子どものおこづかいの実態調査の資料（図1）をもとに，こうした経済状況にある子どもをターゲットにした，駄菓子以外の消費社会の仕掛けを挙げてみましょう。その上で，子どもとお金との関係がどのように変わりつつあるのか，グループで話しあってみましょう。

また，このような消費社会に生きる子どもたちへの保育・教育に携わる者としての必要な視点を考えてみましょう。

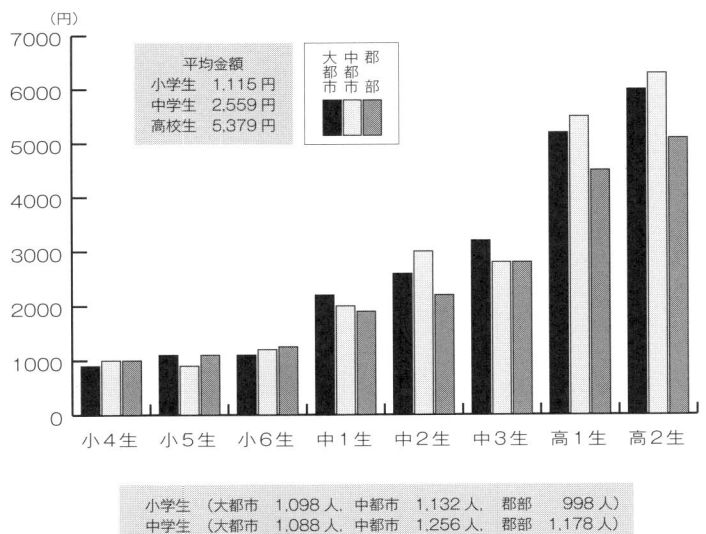

図1　子どもがひと月に家の人からもらうおこづかい
（「第1回子ども生活実態基本調査報告書」ベネッセ教育総合研究所，2005）
調査対象　小学4年生～高校2年生
※市区町村の人口規模および人口密度を考慮した3地域区分［大都市（東京都内），中都市，郡部］を設定してサンプルを抽出

平均金額
小学生　1,115円
中学生　2,559円
高校生　5,379円

小学生　（大都市　1,098人，中都市　1,132人，郡部　　998人）
中学生　（大都市　1,088人，中都市　1,256人，郡部　1,178人）
高校生　（大都市　1,425人，中都市　1,274人，郡部　2,066人）

例
・コンビニで販売されているカードゲームは，小学生がひと月にもらうおこづかいの約1,000円という金額に合わせて，次々に購入したくなるよう，安価でたくさん売り出している。
・子ども向け映画が，マンガ，雑誌，テレビアニメ等と連動させて，夏休み，冬休みの年2回程度公開され，鑑賞料金は，子どもが自分のおこづかいを少し貯めればまかなえるように設定されている。

話しあいメモ

第4章 ● 子どもと経済　　31

◆ さらに深く考えてみよう

子どもの消費者教育

　子どもも大人同様，常に消費者という立場に立たされていることを，鷲田清一は『大人のいない国——成熟社会の未熟なあなた』の中で指摘しています。学校に持参するぞうきんや体育祭のハチマキでさえ，親が縫って持っていくのではなく，「百均に行って買っておいで」と親にお金を渡される時代です。

　そんな社会状況の中で，人・モノ・お金を大切にし，地球環境に配慮した生き方を子どもたちに学ばせる必要が強く意識されるようになりました。1989年の学習指導要領改訂の折に，本格的に学校教育における消費者教育の導入がなされ，1998年，1999年の改訂を経て，2008年3月に公示された小学校学習指導要領においては，「身近な消費生活と環境」と題して「金銭の大切さや自分の生活と身近な環境とのかかわりに気付かせること」が内容に加えられました。これに対応して，小学校でも，生活科・社会科・家庭科の中で，お金や物を大切にする心について学んだり，貨幣価値を理解したり，貨幣経済の仕組みを学んだり，計画的な消費行動について理解を深めたりと，発達段階に応じてさまざまな実践研究がなされ，教員研修や教材の工夫などが行われています。しかし，「自立した消費者を育てる」ことは，格差社会，ブランド志向に走る大人たちの影が強くある中で，そう簡単なことではありません。お金を持つ意味や，価値に気づかせ，お金を得るためには，それなりに社会に役立つことをしないといけないことも理解させなければなりません。働くことで給料や収入が得られる。お手伝いすることで，おこづかいがもらえる。では，お年玉やクリスマスプレゼントは，なぜもらえるのか？　あるいは，もらえないのか？　貯金をするのはなぜか？　今の子どもたちにとって，本当に必要な消費者教育とはどんなものなのか，じっくり考えてみましょう。

子どもの貧困問題

　今，日本では，豊かさの一方で，生活保護世帯が増え，明日の生活にも怯えながら学校に通う子どもたちがいます。親がリストラされ，困窮を極める家庭があります。それが原因で窃盗や詐欺などの犯罪に巻き込まれる子どもたちもいます。彼らの差し迫った「お金に縛られ苦しめられる日々」は，学校教育で理論として学ぶことよりもはるかに深刻です。お金のことを問題にするのは子

どもに似つかわしくないと綺麗ごとを語る時代ではなくなってきています。

ユニセフが2012年3月に発表した国際比較（Report Card 10, Measuring child poverty）によると，日本の子どもの相対的貧困率は先進35ヵ国中9番目に高いという結果が出ています。日本は，前回の調査（2000年）に引き続き，子どもの貧困率が高い国なのです。2011年に起きた東日本大震災，福島の原発事故，急激な円相場の変動などの経済的背景から，厚生労働省「平成25年国民生活基礎調査」によると，2012年の子どもの貧困率は過去最悪の16.3％となっています。この数字は，子ども6〜7人にひとりの割合で，給食費が払えない，病気にかかっても医療費が払えないから病院に行けないという困窮した生活の只中に置かれていることを表しています。

このような子どもたちのためにどのような経済的支援の方法があるのか，たとえば所得制限つきの就学援助費の実態や，奨学金制度の返還不安の問題を調べ，現代社会における子どもの貧困問題をじっくり考えてみましょう。

また，貧困家庭の子ども同士の分かちあい，支えあいや精神的サポートの必要性についても急務な問題として捉え，どんな援助が必要か，考えてみましょう。

ヒント・子どもの貧困問題に取り組む活動

> 日本における子どもの貧困問題を解決するべく2010年に設立された個人参加のネットワークとして「なくそう！子どもの貧困 全国ネットワーク」があります。こうした市民レベルの活動の情報を共有したり，相互交流を図ることも学びの1つです。ホームページ　http://end-childpoverty.jp

◎ ブックガイド

1．『レモンをお金にかえる法』ルイズ・アームストロング（文），ビル・バッソ（絵），佐和隆光（訳），河出書房新社，1982

　　レモンからレモネードを作って売る少女の例をとりあげ，経済のメカニズムを子どもにもわかるように解き明かしています。小学校や中学校で，消費行動について学ぶ副読本にもよく使われています。

2．『ふしぎなお金』赤瀬川原平，毎日新聞社，2005

　　お金とはなんなのか，わかっていそうで説明しづらい命題に，大人の絵本という手法を取りながら，意外な比喩と作家ならではの身体感覚で挑んでいます。

3．『大震災と子どもの貧困白書』
　　「なくそう！子どもの貧困」全国ネットワーク（編），湯澤直美・小野寺けい子・賀屋義郎・丹波史紀・田中孝彦・阿部彩(編著)，かもがわ出版，2012
　　　2011年の東日本大震災により子どもや子育て家庭をとりまく環境がどのように変化したのか，あるいは隠されてきた問題がどうあぶり出されてきたのかを「子どもの貧困」という切り口から考えています。
4．『大人のいない国——成熟社会の未熟なあなた』
　　鷲田清一・内田樹，プレジデント社，2008
　　　子どもがきちんと子ども時代を経験しないまま幼さを引きずって大人になり，彼らによって構成される日本社会の危機的状況が描かれます。
5．『駄菓子屋楽校——小さな店の大きな話・子どもがひらく未来学』
　　松田道雄，新評論，2002
　　　駄菓子屋の意義を，フィールドワークから教育学的・社会学的に論じています。たくさんのハッとする切り口によって生まれた造語「デジタルチルドレン」「マックハウス症候群」「インベーダーズ」や，それらによって消えゆく「豊かな消費者」は児童文化を考えていくのに役立ちます。

◇ 味わってみよう

『ぼくはレース場の持主だ！』
パトリシア・ライトソン（作），M・ホーダー（絵），猪熊葉子（訳），評論社，1972

　　　＊現在，品切れ。重版未定です。図書館で，ぜひ。
　　　知的障害をもつ少年アンディは，大人の冗談を真に受け，3ドルでレース場を買い取り，レース場のオーナーになる夢を実現したと思い込みます。アンディの友だちは，それは現実ではないことを教えようとしますが，アンディのオーナー実現の手立ては，アンディなりの〈モノの価値〉〈価値に対して払われる代価〉〈所有の責任〉にのっとっていますので，反論することは意外に難しく，結局大人たちが10ドルで彼からレース場を買い取るという形になります。しかし，おそらく本当の決着はついていません。
　　この騒動に巻き込まれたアンディの周囲の子どもたちが経済の仕組みをじかに体験している様子を読み進めながら，自分ならアンディに，どうやって，彼が本物のオーナーではないことを伝えるか，考えてみてください。
　　また，街に生きる労働者たちの息遣いを，レース場オーナーであるアンディとの生き生きとした会話の中から感じてみてください。

まとめ

　この章では，いつの時代も変わらず，消費社会は子どもをターゲットにさまざまな罠を仕掛けていることを知ることができました。そして，子どもが自由に扱えるお金の額が昔と大きく違ってきたことが，子どもに向けて差し出される商品の質を変えてしまったこともわかりましたね。

　消費行動についてだけでなく，子どもをとりまく社会，経済を柱にして眺めるとどんな構造になっているのか，またお金（貨幣）の仕組みはどうなっているのか。表面的な豊かさの中に貧困が大きく横たわっている日本の社会について，保育や幼児教育に携わる人たちには，深い理解をしてもらいたいと思います。

学びメモ

COLUMN

駄菓子屋スピリット

　夕方6時頃からシャッターが下りはじめ，6時半にはほぼすべての店が閉まる古い商店街。先日，その商店街の中にある駄菓子屋さんを訪ねた。
　「児童文化論」の授業で，学生たちに駄菓子のスケッチをさせることにしたので，予備の駄菓子を買いためておこうと思ったのだ。
　「ごめんくださーい」
　返事がない。もう一度大きな声で「ごめんくださーい」
　やはり返事がない。
　もう一度「ごめんくださーい」。すると，わたしの声があんまり大きかったせいか，周りのお店の人たちが出てきて「駄菓子，買うの？　おじいちゃん，奥の方にいるから呼んできたげるわ」
　やがて，背の高いおじいちゃんが店の奥から登場。
　「いらっしゃい」
　急須に染みついた茶渋みたいな声だ。
　すでに物色し終わっていた駄菓子をレジの前に並べ，おじいちゃんがそろばんで計算するのを待つ。ふと竹籠いっぱいに盛られた，小さな折り半途の鶴たちに目がいった。その鶴たちはどうも駄菓子の包み紙で折られているようだ。
　「あのぉ，そこの籠に入っている鶴はどうしたんですか？」
　「あぁ，それは，うちの母親が折ったんだ。毎朝店の駄菓子をくちゃくちゃ食べて，その包み紙でね」
　おじいちゃんのおかあさんなら，きっと90歳は超えているんだろう。なんと，90歳を超えて，毎朝駄菓子をくちゃくちゃ？
　「息子がひとさまにどんなものを売っているのか，確かめなきゃならんと言ってねぇ。折った鶴は菓子を買ってくれた子どもたちにやるんだよ」
　「でも，なぜ，鶴は途中までしか折っていないんですか？」
　わたしの質問に，おじいちゃんは，顔をあげて，ニコリともせずに言った。「折り紙の鶴は，羽を広げて，首の先をきゅっと折って顔を仕上げるとこが，一番楽しいんだ。一番のお楽しみは，子どもに残しておかなきゃぁねぇ」
　おお，これぞ，駄菓子屋スピリット！！
　おみそれしました。店先の黄粉棒，ねりねり飴に，10円チョコ，みんなそれぞれに，子どもとのひそかな信頼関係を結んでいるってことを教わった。

第5章 子どもとヒーロー

ヒーローの魅力と変遷を調べよう

　1958年テレビに「月光仮面」が登場して以降，「七色仮面」「怪傑ハリマオ」「ウルトラシリーズ」「仮面ライダーシリーズ」と，テレビや本，雑誌などに登場する悪と戦う主人公たちは，子どもたちにとって，いつも憧れのヒーローでした。子どもたちは，風呂敷マントを首にくくりつけ，新聞紙を固く丸めて作った剣を空に掲げ，ヒーローの決めゼリフをまねながら，ヒーローに自分を近づけていこうと試み，大きくなっていきました。昔のヒーローは大人である場合が多く，彼らの強さや優れた力を他者のために全力で用いる姿に，子どもたちは社会を生きる目標のようなものを得ていたように思います。

　けれど，最近のヒーローは，正義を背負うことへの重荷や正義そのものへの懐疑に苦しむ姿を臆せず子どもたちの前にさらけ出します。〈完全無欠のヒーロー〉ではなくなってきているのです。これは，大人が子どもに迷いなく成長モデルを提示できなくなってきていることを意味しているのかもしれません。

　空に向かって大声で叫べば必ず駆けつけ助けてくれた，信頼に足り得る絶対的他者としてのヒーローが，時代の変遷とともにどのように変化していったのか。この章では，ヒーロー不在といわれる現代にあって，わたしたちは子どもたちと共にどんな新しいヒーローの誕生を望むのか，じっくり考えてみましょう。

♠ ワーク5：わたしの子ども時代のヒーロー

① 子ども時代を思い出し，自分にとってのヒーローをワークシートに書き，それぞれのヒーローに自分なりのキャッチフレーズをつけてみましょう。
　＊実在するヒーローでもかまいません。
② 子ども目線で，どういうところがヒーローだと感じていたのかを思い出して書き込みましょう。
　＊製作者側（大人側）の意図としてはどういう点をヒーローだと位置づけていた

のかなども調べてみましょう。

③ グループでヒーローの共通点や発見したことを話しあいましょう。

ヒント・ヒーローとは？

　ヒーローは人々に襲いかかる不可避の危機から救い出してくれる〈ある種の特異的力を持った〉存在で，古くは神話に登場する英雄として登場しました。アイドルとの違いは，「憧れ」や「崇拝」のみでなく，その行動の根底に〈正義〉があること，子どもたちにとって「なりきり」はできても決してそのものにはなれないということです。アイドルは自分たちの成長の延長線上にいますが，ヒーローは，位相を別にしたところに存在します。

　しかし，この定義も時代とともに少しずつ変わってきて，アイドルとヒーローの境界線を曖昧にしたももいろクローバーZのような存在が，男女を問わずもてはやされたりしている現実もあります。

　例　鉄腕アトム　　キャッチフレーズ：夢ロボット空を飛ぶ

・他のテレビアニメヒーローはみんな強そうで，いかにも戦いが好きそうでギラギラしていたし，たいていのヒーローは大人だった。でも，アトムは目がくるりとした愛くるしいロボットで，ロボットだけれど子どもで，足音も声もかわいらしかったから好きだった。

・朝鮮戦争，冷戦という時代背景の中での異民族・異文化の対立をロボットと人間の対立に置き換えた。

　　（『手塚治虫――時代と切り結ぶ表現者』桜井哲夫，講談社，1990）

　例　名探偵コナン　　キャッチフレーズ：クールなキューティーボーイ

・男子は少しでも背が高く大人っぽく見せようとする生き物だと思っていたので，反対に外見が〈幼い子ども〉に見えるコナン青年の悲運と悲運に甘んじない聡明な論理ゲームに心が動かされた。

・『シャーロックホームズシリーズ』や，『名探偵ポアロ』など多くの探偵小説を意識して，作品中さまざまなアナグラムや，作品へのオマージュともとれるエピソードを用いている。事件のトリック解明を試みる際，高校生以上の人物を眠らせてその人物になりすますことから，製作者は高校生を大人と子どもを切り分ける境界年齢と考えているのではないか。

COLUMN

「ベッドサイドのウルトラマン」

　小児病棟でベッドサイドから離れることができない重い病を抱える子どもと一緒に，絵本を読みあう仕事を続けてきました。子どもたちは，毎日，自分たちの自由にならない身体を心の内側に育てる空想の世界で解放する術を覚えていきます。ことば遊びの何気ない絵本だと考えていたのに，子どもはその画面の隅っこに描かれている子犬の表情の変化を楽しんでいたり，バックに描かれているアパートの階段が場面によって異なっていることに気づき，その理由を推理したり……それは，自分に引き寄せた力強いお楽しみの技ともいえます。

　さて，ある日，病状が思わしくないＦくんが，ベッドサイドにウルトラマンのフィギュアをずらりと並べています。白いベッドシーツの上，銀色と赤いラインが映えるウルトラファミリーたち。急にどうしたのかなぁ？　と思いました。

　それからいく晩かを経てＦくんは教えてくれました。

　「ウルトラマンは空の向こう側とこの地球を何回でも何回でも行き来できるでしょ。ぼくもウルトラマンの兄弟みたいになれるといいな」

　ウルトラファミリーの一員になりたいということは，彼らの強さや地球での胸のすくような活躍への憧れを意味するのだとばかり思っていました。Ｆくんにとってのヒーローの条件は，もっと別のところ，あの世とこの世の間さえまたぎこせる存在の自由さにあったのでした。

= ワーク５：わたしの子ども時代のヒーロー =

わたしにとっての子ども時代のヒーローBEST3

1.

　　（キャッチフレーズを考えてみましょう）

　　（子ども時代の自分にとってどこがどう魅力的だったのか）

2.

　　（キャッチフレーズを考えてみましょう）

　　（子ども時代の自分にとってどこがどう魅力的だったのか）

3.

　　（キャッチフレーズを考えてみましょう）

　　（子ども時代の自分にとってどこがどう魅力的だったのか）

〈ヒーローに託す大人の思い〉
（ここでは，製作者側の意図についてできるだけ調べ，考えてみましょう）

　　1について

　　2について

　　3について

〈グループでの話しあい〉
・グループ内で確認したヒーロー（ヒロイン）の共通点は？

・グループ内で話しあって発見した事柄は？

・自分の課題として調べてみたいことは？

　　例　ヒーロー・ヒロインの描き方にパターン化はあるのか？
　　　　女性ヒーロー（ヒロインではなく）は，なぜスカートを翻すのか？

♣ 討論　「正義」と「悪」

　子ども時代に考えていた、あるいは夢中になっていた「正義」や「かっこよさ」、正義の標的となっていた「悪」とはいったいなんであったのかについて、グループで話しあってみましょう。

　子ども目線でどういうところが悪役だったのか、そこに実際は大人たちのどんな隠された意図があったのかについても考えて、みんなで話しあったことを書いておきましょう。また、できるだけ、文献などを用いて調べてみましょう。

　　例　フック船長
- 顔がいかにも悪賢そうで嫌だった。しつこくピーターパンを殺しにかかったところが憎らしかった。
- イギリスの名門イートン校出身で、プライドが高く、力によって他者を隷属させることしか思いつかない愚かな権力者の象徴として描こうとした。

　話しあいメモ

ヒント・ヒーローと悪役

　テレビやアニメに登場する悪役たちは、一目見て「こいつは悪そうだ」という形相やしゃべり方をしています。名前も「ブラック〜」とか「〜デビル」というように、色でいうなら〈黒〉、名前のイメージは濁音が多く使われ、いかにもダークな感じがするように付けられています。

　悪役の最も一般的な目標は「地球の侵略」です。しかし、子どもたちは「地球侵略」という邪悪な野望に憤っているのではなく、ヒーローの目の前に立ちはだかるから、悪役は邪魔で、大嫌いなのです。その一方で子どもたちは闘うシーンは大好きです。悪役がいなければ、大好きな格闘シーンは見ることができません。もっといえば、悪役がいなければ、子どもたちの目の前に登場する必要がない（出番がない）ヒーローたちがほとんどです。

テレビやアニメに登場するヒーローと悪役は，はっきり区別されています。しかし，現実の世界では，悪者がいかにも悪そうな風体をしているわけでもないし，「悪」の正体は，簡単に見つけ出されるものではありません。非常に巧妙に正義の味方ぶる「悪」がほとんどです。

　また，これは善だ，これは悪だと簡単に切り分けられない複雑さを実社会は抱えています。こうした現実に近い葛藤をアニメやマンガの主人公たちに背負わせると，痛快さに欠け視聴率が落ちてくるといった悩ましさもあります。

　アニメやマンガに登場するヒーローたちのかっこよさや，悪役のふてぶてしさに心を震わせた子ども時代の経験は，大きくなって現実社会と向きあう時にどんな影響を与えるのでしょうか？

グループの話しあいをのぞいてみると……

Gさん「わたしたちの頃って『ゴムゴムの〜〜』とかいって，みんなONE PIECEの主人公ルフィになろうとしたよね。ルフィにはなれないってわかってて，『なりきり』を楽しんだ。それって，『本物になれない』のはわたしたちがまだ幼いからで，大きくなったらどこかで本物のヒーローになれるんじゃないか，そういう意味での大きくなりたい願望が少しは残ってた気がする」

Hさん「だから，このワークの課題で考えれば，『大人になればもっとちゃんと大きな悪と戦える』っていう期待感があった。でも，実際はそういう大きくなったら……みたいなものはないんじゃないかな。アンパンマンだってさ，『君はやさしいヒーローさ』っていうの，ある意味ヒーローを遠くのだれかさんだと思う気持ちを突き放しちゃうんだからね」

Iさん「そうか，『アンパンマンはきみさ』っていうのは，子どもたちを励ましてくれてるだけじゃなくて，自分以外のだれかがヒーローとして存在するなんて考えるなっていってるのか」

Hさん「それに，悪役のはずのバイキンマンがおとぼけでかわいい。何度アンパンマンにやっつけられてもバイキンマンはパン工場のある平和な村にやってくる。ばい菌と食べ物の共存関係が隠れているもんね。そういう悪と正義の対立構造をソフト化した延長に今の子どもたちが夢中になっている〈妖怪ウォッチ〉なんかもあるのかな。妖怪は厄介な生き物だけれど，悪ではない。主人公が妖怪と協力して問題を解決していく共存型だもの。それに夢中にな

> る子どもたちは異質な者同士の共存を見守る『管理者』。闘う戦士に『なりきる』のはやめて，『管理者』として，世界をコーディネートしていこうとする」
> Gさん「それって，ネット社会での多くの人の立ち位置と似ているんじゃないかな。子どもはそこへ向かっていくための予行練習をしているっていうことになるのかも」

◆ さらに深く考えてみよう　ヒーローの変遷

■変質していくヒーローたち

　テレビの代表的ヒーローといえば，一昔前までは，ウルトラシリーズのウルトラファミリーでした。ウルトラファミリーは，みんなウルトラマンだ，と単純に考えている人はいませんか？

　ひこ・田中は，『ふしぎなふしぎな子どもの物語』の中で，歴代のウルトラマンを「人間と宇宙人の一体型」と「宇宙人の人間変身型」に二分しています。「ウルトラマン」や「ウルトラマンタロウ」「ウルトラマンティガ」は前者の「人間と宇宙人の一体型」。「ウルトラセブン」「ウルトラマンレオ」「ウルトラマン80」らは後者の「宇宙人の人間変身型」です。この違いは，地球とヒーローとの関係の違いだけでなく，ヒーローにも正義を貫くためにアイデンティティにかかわるさまざまな葛藤があることを教えてくれます。

　これからの時代を生きていく子どもは，ヒーローになにを託し，やがて自分が社会を支えていく一員になっていくことを踏まえ，成長モデルをどう打ち立てていけばよいのでしょうか？　時代の変遷とともにさまざまなメディアで試みられている新たなヒーローの特徴を考えてみてください。

■女性ヒーローの登場と変質

　少し前まではアニメヒーローといえば男性でしたが，近頃では，女性が戦士となって戦うパターンが多く見られるようになりました。平成になって次々に登場し始めた女性ヒーロー（ヒーローとは英雄的な男性を指しますが，ヒロイン的な役回りでなく自ら義によって行動するキャラクターという意味で，あえて女の子でもヒーローと呼びます）たちは，〈普通の女の子〉の変身像です。〈普通の女の子〉ですから，おっちょこちょいだったり，あわてんぼうだったり，

おしゃれに敏感だったり，日常場面では視聴者により親近感を持たせるエピソードが付与されます。自分たちの手の届きそうなところに存在しながら，ある儀礼的変身を遂げ，「強くなる」。「強いけれど，弱い」。これは，ヒーローものだけでなく，旧来のスポーツアニメの主人公（やはり戦うキャラクターですね）たちのキャラクター「……だって涙が出ちゃう，女の子だもん」というつぶやきに通じることです。かなり異性である男性の視線にさらされることを意識したキャラクターづくりともいえるでしょう。

　そして，女性のヒーローアニメが近年また変化しています。たとえば，1992年〜1997年にテレビ放映されたアニメ「美少女戦士セーラームーン」は，2014年に「美少女戦士セーラームーンCrystal」と題し，新作アニメとしてWEB上で，世界同時配信されました。90年代のセーラームーンの主題歌「ムーンライト伝説」と2014年の主題歌「MOON　PRIDE」の歌詞を見比べてみると，ずいぶん違いがあることがわかります。

　「ムーンライト伝説」では歌詞の中の主人公（恐らく美少女戦士）は「月の光に導かれ　何度も巡り会」い，「現在　過去　未来も　あなたにくびったけ」な〈あなた〉を軸に生きる受動的で，待っている存在でした。しかし，「MOON　PRIDE」では「女の子にも譲れぬ矜持がある。それは王子様に運命投げず自ら戦う意志」だと主張し，「女の子には無敵の武器がある。それは弱さに寄り添う眼差しと全て受け入れる強さ」だと男性を包み込む〈母性〉をベースにした強さが強調されています。母性が戦士の武器として用いられるようになったことは，ただ単に女性が強くなったとか，女性が戦闘世界への社会進出を果たしたこととは異なり，注目に値します。　　　　　　JASRAC 出 1502022-501

　女性ヒーローのあり方について，じっくり考えてみてください。

■ヒーローのあり方と社会

　ヒーローと子どもとの関係は，親や周りの大人を排除した，隔離された想像世界で構築されているとみなされがちですが，現実の大人と子どもの信頼関係を映し出したものです。ひこ・田中は，先述の著書の中で「機動戦士ガンダム」をとりあげ，主人公アムロにとって「味方にも敵にも成長モデルは存在しませんし，子どもの自己相対化を確認してくれる大人社会もありません。」と述べ，生き残ることの意味を語る大人の不在を指摘しています。また，「大人の存在がさして子どもに影響を与えず，子どもは子どもの元へ戻っていき，主人公は

特権的な存在である」ことで大人になることを遮断された箱庭的世界に入り込んだまま戦争ごっこが続く危うさを明らかにしています。

　また，ヒーローたちは怪獣や悪の組織を倒すための戦いの場で多くのものを破壊しますが，そもそも力を用いることで悪を倒すことが本当にできるのかという根源的な問いも，今日の社会情勢を眺めれば，だれもが抱かずにはいられません。電波塔がなぎ倒され，多くのビルが瓦礫となるといった暴力的なシーンへの配慮からか，2004年に登場した平成第2期ウルトラシリーズの『ウルトラマンネクサス』では，怪獣とネクサスの戦闘シーンは，ネクサスの〈メタフィールド〉によって行われ，人間たちの目には触れないという設定にされました。けれどこれは，「力による戦い」が隠ぺいされただけで本質は変わっていません。

　さらに，ヒーローの大義名分である「地球の平和を守る」が，今大きく揺らいでいます。地球規模の平和は，どこぞの世界からやってきた〈他者〉の超人的な力によって維持されるものなのか。そもそも平和とはなんなのか？　弱くなにも持ち得ない市民であるわたしたちは，大きな力の前に逃げまどい，だれかが助けに来てくれることを信じて待つしかないのか？　困難のたびに（一時的に救済してくれる）ヒーローに「ありがとう！」と手を振るだけでよいのか？

　ヒーローの存在，あり方を問うということは，つまり自分自身の生きる姿勢が問われる時代になってきているとも言い換えられそうです。

◎ ブックガイド

1．『ふしぎなふしぎな子どもの物語──なぜ成長を描かなくなったのか？』
　　ひこ・田中，光文社，2011
　　　子どもたちがヒーローに託すものはなんなのか，それが時代とともにどう変容してきたのかを，製作者側の意図と絡めあわせながら付帯的に解説しています。いつの時代も大人と子どもの〈文化を創り文化を壊そうとする〉せめぎあいがあることを実感させられます。
2．『戦後ヒーローの肖像──「鐘の鳴る丘」から「ウルトラマン」へ』
　　佐々木守，岩波書店，2003
　　　子ども向けテレビ番組の脚本家・放送作家であった著者が，戦後の人気番組におけるヒーロー誕生の秘話を体験的に語ります。
3．『ウルトラ博物館』
　　秋山哲茂（責任編集），円谷プロダクション（監修），小学館，2003
　　　子どもが夢中になった昭和時代のテレビヒーローを下支えした学年別雑誌とい

うメディアの働きについて，当時の記録を集め，明らかにしています。
4．『少年少女のクロニクル──セラムン，テツジン，ウルトラマン』
　　志水義夫，新典社，2013
　　1970年代以降の変身ヒーローを異装型と異形型に分け，そのルーツを古典芸能に探る最終章は，新人類と呼ばれる世代の子どもたちの理解を助けます。
5．『ヒーローを待っていても世界は変わらない』湯浅誠，朝日新聞出版，2012
　　テレビや雑誌の仮想世界においてではなく，今わたしたちが生きるこの現実社会の中で，ヒーロー頼みではなくどう主体的に生きるかを強く問いかけています。民主主義社会とヒーローの関係を考える刺激的な1冊です。

◇ 味わってみよう

『行け！シュバットマン』村中李衣（作），堀川真（画），福音館書店，2010

　　主人公のおかあさんは，特撮ヒーローのスーツアクター。母親が小さい子向けヒーローになりすましているなんて恥ずかしい，誰にも言えないと考えている主人公ですが，親友との冒険を通して，少しずつ母親の仕事を理解していきます。外の世界と内側の世界を繋ぐ「スーツ」の意味を，ヒーローに課せられた使命とともに考えてみてください。

まとめ

　従来，テレビやアニメのヒーローたちには，幼い人たちに「これから始まる長い人生の中には，たくさんの困難が待ち受けている。怖くて逃げ出したいこともあるだろう。でも勇気を持って立ち向かってほしい」という大人側からのメッセージが託されていました。ヒーローは1つの「成長モデル」であったのです。でも，「困難」を象徴する〈悪〉が多様化した今，どんな〈勇気〉を持てばいいのか，闘いが困難を超える最良の方法なのかどうかもわからなくなってきています。子どもたちが本当の意味で自分を支えるヒーローを見つけ出すためにどんな見守りと混迷した社会の理解が必要であるかを考えました。

COLUMN

ヒーローへの憧れ

　仕事の関係で，高校生が書いた小説を読む機会がときどきあります。最近の高校生は（大学生もですが）長いものを書くのが苦手なようで，大半は400字詰原稿用紙3枚程度の短い小説です。短ければ短い分，読むのに苦労しないですむのですが，小説のパターンがどれを読んでも似たり寄ったりなのには閉口します。自分の知らない世界が描かれているものを読んだほうがワクワクしますからね。
　もっとも多い小説のパターンは，だいたいこんな感じです。
1　主人公は誰からも理解されないで困っている，または孤独を感じている。
2　そこに転校生がやってくる。あるいは，たまたま近くを通りかかった人が主人公に声をかける。
3　その結果，主人公は孤独を解消し，生きる気力を得る。
　1の主人公は男性でも構いませんが，女性のほうがイメージしやすいかもしれません。そこに，白馬に乗ったすてきなプリンスが現れ，自分をつらい境遇から救ってくれる。どこかで聞いたことのある話ですね。わたしはこれを「白馬の王子様願望」と呼んでいます。いつかだれかが，孤独な自分や自己の抱えている困難から自分を救い出してくれる。ここには，そんな高校生たちの夢のような願望が込められています。しかし，わたしたちは知っています。「白馬の王子様」は童話の中の登場人物であって，現実にはそんな人などどこにも存在しない，ということを。このような批判を高校生に投げかけると，「そんなことはわかっています。でも，いないからこそ，フィクションである小説で夢を描いたっていいじゃないですか」という反論が返ってきました。なるほど，高校生たちも現実を見据えていないわけじゃないんだな，自分たちなりにちゃんと考えているんだ，と気づかされた瞬間でした。
　さて，これは高校生の書いた小説の話ですが，わたしたちにはどこかで自分を救い出してくれる「白馬の王子様願望」のようなものがあります。「白馬の王子様」とは，言い換えれば「ヒーロー」です。ウルトラマンや仮面ライダーなどの侵略者をやっつけてくれる特撮ヒーロー，水戸黄門やスーパーマンなどの勧善懲悪的なヒーロー，アンパンマンや『ONE PIECE』のルフィのようなピンチの時に駆けつけてくれるマンガやアニメのヒーロー。
　端的にいえば，ヒーローとは現状を打破し，今の境遇からわたしたちを救い出してくれる人のことです。子どもたちはみな，ヒーローに憧れを抱いています。それは，子どもたちが自分が非力であることを頭のどこかで知っているからでしょう。ヒーローとは，子どもたちが将来自分がそうなりたいと願う「他者」なのです。
　そして，ヒーローに憧れた子どもたちの多くは，大人になってからもヒーローの

出現を心のどこかで期待しています。そのことについて，湯浅誠は『ヒーローを待っていても世界は変わらない』(p.47ブックガイド参照)の中で，「溜まりに溜まったフラストレーションがそのような切り込み隊長を待ち望むようになるその心理は，わかる」としながらも，「私はそれが，待ち望んでいる人たちに最終的に望ましい帰結をもたらすとは，どうしても思えない」といいます。それは，「日本では一億二千万の利害がひしめきあっている」ため，「誰がヒーローになっても，基本的には増えもしなければ減りもしない」からです。つまり，すべての人にとって都合のいいものはない，ということです。

　たとえば，戦争において，ある国を勝利に導いたリーダーは「ヒーロー」となりますが，それぞれの国にはそれぞれの国の「正義」があります。だからこそ，戦争が起きてしまうのでしょう。しかし，どちらも「正義」のはずが，敗れてしまった国は「正義」に敗れた「悪」となります。このように，「正義」と「悪」とは相対的なものです。

　民主主義の日本においても，一方的な「悪」は存在しません。誰かにとって「悪」であっても，ほかの誰かにとっては「正義」のはずです。それを「ヒーロー」が大胆にひっくり返したところで，両者が入れ替わったに過ぎません。なにかが成し遂げられるために，別のなにかが切り捨てられたに過ぎないのです。

「ヒーローを待っていても，世界は変わらない。誰かを悪者に仕立て上げるだけでは，世界はよくならない」と湯浅氏は述べています。実は，夢見る若者たちにも，このまま待ち続けたって「白馬の王子様」やヒーローが現れないことはわかっています。けれども，だからといって，じっとしていることしかできないわけではありません。ましてや，夢のような小説を書き続けていればいいわけでは，もっとありません。自分の現状を打破したかったら，自分たちで決断し，行動するしかないのです。湯浅氏は先の本をこう結んでいます。

「ヒーローは私たち。なぜなら私たちが主権者だから。私たちにできることはたくさんあります。それをやりましょう。その積み重ねだけが，社会を豊かにします。」

第5章 ● 子どもとヒーロー

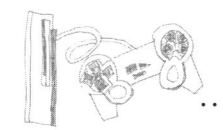

第6章 子どもとサブカルチャー

子どもがはまるゲームの功罪について考えよう

　アニメやゲーム，マンガなどのサブカルチャーは，アート，文学，科学，歴史，クラシック音楽などのメインカルチャーに比べて，大人が価値を認めず，ひとくくりに否定される場合が多いですね。

　「まったくこの子ときたらテレビばっかり見て……」「ゲームにばっかり入れ込んで……」「本といえばマンガしか読まなくて……」どこでもこうした大人の愚痴を聞きます。

　これは，逆にいえば，サブカルチャーが，興味が持続しないといわれる現代の子どもたちが没頭できる，子どもたちに支持された文化財であり，メインカルチャーにはない魅力を有しているということです。にもかかわらず，アニメやゲームの中で繰り広げられるストーリーやプロットの特徴を子どもの心性と照らし合わせて明らかにしようとする姿勢は，大人たちの間にほとんど見られません。やりもしないで外から頭ごなしにダメだと決めつける親や教師の姿勢に不満を抱く子どもたちがいるのは，無理からぬことです。

　サブカルチャーの問題を考える時に大事なことは，それぞれのメディアの中身，たとえばゲームの構成やそのものがたり性について吟味することと，そのメディアの発信システムがもつ健康被害の問題とをいったん区別・整理して考えることです。メディアリテラシーを身につける教育も今後さらに必要になってくるでしょう。

　この章では，子どもが親しんでいるサブカルチャーをとりあげ，今後の望ましいつきあい方を考えていきます。

♠ ワーク6：子ども時代にはまったゲーム

① 今まで自分がやったことのあるゲームを思い出し，強く心に残っているゲームを3つ挙げましょう。その種類と名前，どんなところが心に強く残っ

ているのか，なるべく具体的に書きましょう。

　　＊ゲームは嫌いでほとんどやったことがない人は，ゲームの話で盛り上がっている子たちを見てどんなふうに感じていたか。また，どうしてゲームは嫌いなのかを具体的に書きましょう。

② それぞれのゲームの構成やものがたりの魅力について，分析してみましょう。

　　＊ゲームをやらない人は，ゲームの中でどんなストーリーが展開しているかなど関心がないかもしれませんが，取り組んでみると，意外な発見があるでしょう。たとえばロールプレイングゲームのプロットを整理し箇条書きしてみると，わかりやすい成長物語だったり，おなじみの昔話のプロットに似ていたりします。子どもたちがゲームの中の主人公となって，困難に立ち向かい，仲間の協力を経て少しずつ勇気や強さを手に入れるその過程をゲームで味わうものも多いのです。

③ ワークシートを書き終わったら，グループで発表しましょう。

　　＊それぞれが整理した結果を分かちあい，いろいろなゲームの特徴やこういう部分が子どもたちをひきつけるのだなという魅力の分析や，このゲームはつい夢中になってしまうけれど視力や姿勢が悪くなるだけで，これといったよさは見つからないというような具体的な発表ができれば，ゲームの是非論に深みがでます。

発表メモ

━━━━ ワーク６：子ども時代にはまったゲーム ━━━━

わたしにとっての子ども時代のゲームBEST3

１．
　（種類・名前）

　（子ども時代の自分にとってどこがどう魅力的だったのか）

２．
　（種類・名前）

　（子ども時代の自分にとってどこがどう魅力的だったのか）

３．
　（種類・名前）

　（子ども時代の自分にとってどこがどう魅力的だったのか）

〈ゲームの構成やものがたりについて，分析してみましょう〉
1について

2について

3について

〈グループでの話しあい〉
・ゲームの構成やものがたりの共通点は？

・子どもの成長という観点から，ゲームのプラス面，マイナス面は？

・グループ内で話しあって発見した事柄は？

学生のワークシートをのぞいてみると……

ゲーム大好きなJさん
1　ロールプレイングゲーム（RPG）:「ドラゴンクエストシリーズ」
　・敵を倒す爽快感があった。
　・物語がいい。仲間を手に入れる喜びや，困難を乗り越えてさまざまな目標を達成する充実感があった。
　・あきらめない精神・粘り強さを身につけた気がする。
2　パズルゲーム:「テトリス」
　・いつのまにか夢中になって，時間がつぶせる。
　・論理的思考が身につく。
　・反射神経がよくなる気がする。
3　オンラインゲーム（コミュニケーションゲーム）:「とびだせどうぶつの森」
　・会話しながらゲームができるので，友だちができる。
　・自分でない自分でがんばれる。
　・かわいい。まったりした感じで和む。

ゲームはほとんどしてこなかったKさん
　昼休みとかにゲームの話をしてる人たちの声が，いつもより早口でハイテンションなのが気味悪かった。肩もこりそうだし，親たちも目が悪くなると言ってたし，親に隠れてゲームをする気にはなれなかった。現実にはいないものをキャーとか騒いで育てたり，電車に乗っても，景色も見ないでゲームばっかりやってる姿って，なんだかヘン。でもそういうこと言えない世の中だと思う。もう電車の広告なんかを見上げてもゲームの用語があたりまえみたいにどこでも飛び交っていて，ついていけない自分は時代遅れな感じがして，こわかったりもする。

♣ 討論　少年犯罪とマンガ・アニメの影響

　少年少女が陰惨な事件を起こすと，マンガやアニメの影響が取り沙汰され規制の対象となることがあります。

　2007年，テレビアニメ『ひぐらしのなく頃に』が，複数のテレビ局で突然放送打ち切りになったり，映像の差し替えが行われたりしました。その背景には，2007年に京都府で起きた16歳の少女が父親を斧で殺害する事件があるといわれています。続けて2008年に青森県で18歳の少年が母親と弟妹を殺害した事件が起き，警察の家宅捜索で加害少年の家から『ひぐらしのなく頃に』のコミック本が押収され，この作品を危険であると非難する声がマスメディアを中心にさらに高まりました。『ひぐらしのなく頃に』は，同人サークルが作ったゲームから出発し，マンガ，アニメ，プレイステーション2用ゲームへとメディアミックス展開した作品です。

　この作品に限らず，少年犯罪が起きると，アニメやマンガなどサブカルチャーが規制の対象となることについて，みなさんは，どう考えますか？　話しあってみましょう。

　その上で，子どもたちはゲームやアニメ，マンガなどとどんなふうにつきあっていくのがよいのか，話しあい，まとめてみましょう。家庭での具体的な取り組みについて提案してみるのもよいでしょう。

話しあいメモ

◆ さらに深く考えてみよう

サブカルチャーの長所と短所

　ゲームやアニメ，マンガの中で繰り広げられる過激な戦闘シーンは脳にダメージを与え，子どもの暴力性を煽るという研究結果があります。

　ゲームやアニメの暴力シーンを警戒する，「子どもがキレやすくなる」という言い分には主に3つのロジックがあると，坂元章は『テレビゲームと子どもの心』で指摘しています。1つは，得点を稼げたり，印象的な音楽で戦闘シーンが彩られることで，プレーヤー自身の暴力が報奨されること。2つめは，プレーヤーの問題解決手段として暴力が選ばれることに違和感がなくなり，日常的に想起されてしまうこと。3つめは，バーチャルな世界と日常との境界が緩められ，生身の人間への暴力に直結してしまうこと。こうしたゲームの暴力性を非難するロジックは，社会的に強い影響力を持ち，国が文部科学省の「青少年を取り巻く有害環境対策に関する調査研究」協力者会議の席上でテレビゲームの悪影響について有識者の意見交換の場を設けるなどの動きが出ています。

　また，奈良県の小学校児童の養育者に対するアンケート調査では，テレビやゲームと身体の関係について，テレビをよく見る児童ほど，食欲がない，偏食ぎみなどという心身症状が現れるという結果が得られたそうです。さらに，テレビゲームを毎日する子どもは，目をぱちぱちさせる症状が有意に多く出現するそうです。その他，テレビゲームの実施状況と，咳をするなど戸外での遊びを阻害する要因となる心身症状との相関関係も見られるといいます。健康被害という側面からいえば現在のテレビやゲームの配信方法に問題があることは間違いなさそうです。

　しかし，アニメやゲーム，マンガは，「オタク文化」とも呼ばれ，他者との直接のコミュニケーションを取ることを苦手とする若者が逃げ込むことのできる数少ない場所ともなっています。最近では「オタク・コミュニケーション」というようなことばも生まれています。ここでゲームやアニメ，マンガにふける間は，没コミュニケーションが許される。このことを是と見るか，否と見るか。

　また，ゲームの別の側面として，教育用テレビゲームの開発は，学業不振児や，文字媒体では学習が困難な子どもたちへの柔軟なツールとして，活用が期待されています。また個人での健康チェックツールとして，あるいは心理臨床の分野や脳に外傷を受けた患者さんのリハビリへの応用といった使い方も検討

されています。

　子どもが親しむサブカルチャーについて、1つの側面からのみ捉えるのではなく、多面的に捉え、よい面、悪い面、その両方をじっくり考えてみてください。

マンガは子どもを「バカ」にするか
　「マンガばっかり読んでいると、バカになるよ！」
　これは、今でもよく聞かれる、子どもに向かって大人が言うセリフです。なぜこんなふうにいわれるのでしょう。おそらく、そのようなことを言う大人たちには、マンガは低俗なものである、という意識がどこかにあるのではないでしょうか。
　マンガは、こうした批判にずっとさらされ続けてきました。たとえば、「朝日新聞」1990年9月4日の社説「貧しい漫画が多すぎる」を見てみましょう。
　記事によると、東京都の生活文化局が332種類の週刊誌・月刊誌を調べた結果、マンガの50％が性的描写を含んでいることがわかったそうです。それを受け、記事では「こうした漫画や写真を幼い時から見せられて育つと、どんな人間になるのだろうか。文化の将来を考えて、そら恐ろしい気持ちにもなる」と述べられています。この記事の背景には、前年に連続幼女誘拐殺人事件が起こり、犯人がホラーやポルノビデオを大量に所持していたと報道されたことがあります。また、この記事をきっかけに有害コミック騒動が起こり、東京都議会では「有害図書類の規制に関する決議」を採択するに至りました。
　問題は、次の箇所です。
　「男性の編集者や漫画家は『物語の流れから必然の描写だ』『女性蔑視どころか、美しく描いている』などと反論する。しかし、『性交の場面がキス場面の二倍以上もある』といった調査結果を読むと、商売優先、そして発想の貧困、と思わざるえない。」
　まず、この社説を書いている記者は「調査結果」を過剰に重視してしまっています。しかし、「性交の場面がキス場面の二倍以上もある」マンガが果たしてどれほどあるのでしょうか。この記者は、大人になってからマンガを読んでいないに違いありません。ここには、マンガは子どもが読むもの、という意識が働いています。
　そして、この記者は「調査結果」だけを見て、マンガの「発想」が「貧困」だと決めつけてしまっています。では、発想豊かなマンガを描くマンガ家とは

だれか。記事では手塚治虫の名前が挙げられています。

「この夏、『鉄腕アトム』の手塚治虫さんをしのぶ展覧会が、東京国立近代美術館で開かれた。ユーモアと人間性、そして文明の将来を憂える哲学など、改めて学ぶことは多かった。その理想と創造力を後輩作家がもう少し受け継いでいたならば、『漫画亡国』の批判も起こらなかったろうに。」

実は、日本のマンガ史に大きな足跡を残した手塚治虫もまた、かつて激しくバッシングを受けたマンガ家のひとりでした。自伝『ぼくはマンガ家』（大和書房、1988）によると、1955年に起こった「悪書追放運動」の中で、手塚はこんなことを言われたそうです。

「『赤胴鈴之助』が良い漫画だ、と言う奥さんが多かった。理由を訊くと、『赤胴鈴之助』は親孝行だから、というのである。こんな理由で漫画をよりわけられてはたまらない。第一、そういう奥さんに訊いてみると、『「赤胴鈴之助」以外はよく知りません』と答える。その『赤胴』すらも漫画は読まずに、ラジオで知ったのだという。」

手塚が言われたこの発言と、先ほどの記者が「貧しい漫画」に向けた批判との間には、大した距離はありません。自分の眼で見ることをせずに貧困だと決めつけている点では、両者はまったく同質なのです。

わたし自身は幼少の頃より、マンガから実に多くのことを学んできました。たしかに、先の記事の通り、マンガの中には「商売優先、そして発想の貧困、と思わざるえない」ものも少なからず見受けられます。しかし、すべてのマンガがそうとは思いません。

マンガを低俗な読み物と決めつけずに、自分自身でマンガの価値について考えてみましょう。難しいことですが、できれば大人の立場からではなく、子どもの目線で触れてみてください。小さい頃、マンガに触れた体験を持つ人は、あの時のワクワク感やドキドキ感を思い出してみるといいかもしれません。

マンガと同じように大人たちから低俗と思われているものに、アニメがあります。また現在、マンガ以上に子どもたちを「バカ」にすると多くの大人が思っているのが、ゲーム機です。子どもにゲーム機を買い与える是非が繰り返し議論されますが、果たして本当にゲームは子どもを「バカ」にするのでしょうか。アニメやゲームに親しんでいるみなさん自身の体験の中から考えてみてください。

◎ ブックガイド

1. 『ぼくのマンガ人生』手塚治虫，岩波書店，1997
    手塚治虫の講演録集。ひとりのマンガ作家がどうやって誕生したか，マンガの中にどんな作者のメッセージが込められているのかが，平易に語られています。
2. 『テレビゲームと子どもの心──子どもたちは凶暴化していくのか？』
    坂元章，メタモル出版，2004
    テレビゲームというメディアが持つ特質を整理し，ちまたの悪影響論に振り回されることなく，正しいメディアリテラシーを身につける大切さを説いています。
3. 『テレビ画面の幻想と弊害──むかつく・キレル・不登校の彼方にあるもの』
    田澤雄作，悠飛社，2003
    小児科医である著者が，出会った症例をもとに，テレビゲーム漬けの日々がどう子どもの身体を蝕んでいくかを訴えます。その対応策も発達の段階に合わせて提言しています。
4. 『ニューメディア時代の子どもたち』子安増生・山田冨美雄（編），有斐閣，1994
    情報活用能力を身につけさせることで，ニューメディア時代の子どもたちの学びに新たな動機付けを与えるというコンピューター教育導入への積極的な論を展開しています。
5. 『ポケットの中の野生』中沢新一，岩波書店，1997
    大人からは否定的な目で見られがちなゲーム少年の内面に芽生える現代の「野生」について，「インベーダーゲーム」から「ポケモン」まで具体的なものがたりの核に触れながら論じています。よくあるゲームの是非論でなく，テレビゲームの世界と子どもの内面に芽生えるものがたり世界との関係に正面から向かいあって論じています。

◇ 味わってみよう

『選ばなかった冒険——光の石の伝説』岡田淳，偕成社，1997

　小学5年生の学とあかりは，学校の日常場面から，突然ゲームの世界へワープします。そこで繰り広げられるゲームの主人公となって，ロールプレイングゲームを生きることになります。岩山の洞窟に住む暗闇の王に盗まれた「光の石」を手に入れ世界の王となることで平和を取り戻すという使命を，学とあかりはどう受け止め何を選びとっていくのか？　そのストーリーはそのまま，バーチャルな世界にのみ込まれそうになっている現代社会の中で，我々はどういうスタンスをとるべきなのかを考え続けることに繋がっていきます。

まとめ

　この章では，子どもたちをターゲットに膨大な市場を持つサブカルチャーとどうつきあっていけばいいのかを考えました。こういう話題は苦手だと生理的拒否感を持って再認識した人もいるでしょう。しかし，特にゲーム業界が子どもたちのリアルな息苦しさや人間関係のもつれを敏感にキャッチし，そこを刺激する仕掛けを作ろうとする勢いは年々拍車がかかっています。こうした（ことばは悪いですが）子どもを狙う消費社会の動きに，大人が目をつぶったままではいられない時代です。まずは，今なにが起きているかをよく知ること。そして，子どもたちの健康を守ることと，彼らが求めるものの根っこにあるものを理解する努力を怠らぬことが，子どもたちを育てる大人に必要なことでしょう。

COLUMN

ゲームの威力

　あるおかあさんから聞いた話です。息子さんがゲームにばっかり夢中になって，人の話もろくに聞いてないので，頭にきて，子ども部屋に閉じ込め，「朝から晩までトイレの時間以外部屋から出ずにず～～っとゲームをしていなさい。ご飯もおにぎりを差し入れるからダイニングで食べなくて結構！」と言い切って，その通りに実行したそうです。飽きるほど，浴びるほどやれば，きっと卒業してくれると思ったからに違いありません。

　ところが，息子さんは言われた通り，朝から晩までず～～っとゲームをやり続けたそうです。なんの不便も感じずに，むしろトイレに出てきた顔を見ると，なにかに取り憑かれたような，恍惚とした表情をしていたそうです。おかあさんは，こわくなって，結局「もうやめなさい」と提案を却下したそうです。「ゲームは手ごわいわ。飽きるというよりそれだけが唯一絶対の世界になって，その世界に取り込まれちゃうのね」というつぶやきを聞きながら，これは，一過性のブームではないんだとしみじみ思い知らされました。

　部屋から引きずり出された息子さんは，その日興奮が冷めず，部屋の電気を暗くしても長い間，眠りにつくことができなかったそうです。彼が旅したゲーム世界とは，いったいどんなものだったのでしょうか。そこには，希望が隠されていたのか。どんな言葉が与えられたのか。そんなの知らない，とそっぽを向いていてよいのでしょうか。彼の旅の軌跡を大人の責任としてまるごとたどり直すべきかもしれないと思わされたエピソードでした。

第7章 子どもと遊び

遊びのいろいろを体感しよう

　最近，子どもたちの間で，「遊ぼ～」「なにして遊ぶ～？」といった会話はほとんど聞かれません。その場に集まった仲間同士で自然発生的に遊びを決めることが，ほとんどないのです。放課後も塾や習い事の予定が決められ，遊びも遊ぶ友だちも遊び場所も予定の中に組み込まれています。大人たちの目が届かないことは，子どもを巻き込む犯罪の多い今日，危機管理の面で問題視され，安心安全が確保された中での〈のびのびした遊び〉の環境を確保することが1つの課題になってきているともいえるでしょう。

　一方で，設えられた環境の中での遊びは本来の遊びではない。子どもたちの遊びには，危険や失敗はつきもの。その中で危険回避能力や，社会力がついていく。ある程度のリスクは伴うものだ，という考え方もあります。

　この章では両方の意見を踏まえたうえで，本来遊びがもたらす子どもたちの生きる力がどのようなものであるかを見つめ直し，子どもが遊びの中でどのような世界観を育てているのかを見てみることにします。

　まず，大人世界をモデルにまねる遊び＝ごっこ遊びに焦点を当てて，考えてみましょう。

♠ ワーク7：ままごと遊び

用意するもの：各自新聞紙ひとたば

① 　4～5人グループで，ままごとをして30分程度自由に遊んでください。
　　＊用意した新聞紙は，ままごとの道具作り等，自由に活用してください。
② 　遊び終了後に，どんなものがたりが展開したかをワークシートに記録しましょう。

ワーク7：ままごと遊び

〈配置図〉

場所

〈役割〉
　・役（メンバー名）
　（例）おかあさん（Aさん）

〈ストーリーの展開〉

〈どんな見立てをしたか〉
（例）
・葉っぱをご飯にした
・その場に物はないが，固定電話のあるふりをした

〈ままごと遊びをしてみて気づいたこと〉

〈心に残っているセリフ〉

③ 書き終わったら，ワークシートを持ち寄り，グループごとのストーリー展開を確認してみましょう。
　＊ままごと遊びは，だれのどんなことばで始まりましたか？
　＊遊んでいる途中で，気まずくなったり，遊びが止まってしまったり，衝突が起こったりしませんでしたか？
　＊ままごとの途中で心がごっこ遊びから離れてしらけてしまう瞬間はありませんでしたか？
　＊気まずかったり，しらけたりした時，どのように乗り越えましたか？　あるいは乗り越えることができませんでしたか？
　＊ごっこ遊びをしている最中にはわからなかった仲間の気持ちの揺れも一緒に確認してみましょう。

♣ 討論　遊びの中で育つ生きる力

　遊びが途中で切断される場面は，子どもたち同士で集う「ごっこ遊び」の中では頻繁に起こるものです。その重くるしさや気まずさをがまんして集団の流れに添っていく場合もあれば，「もうやーめた」と，そこで終わりにしてしまう場合もありますが，こうした〈うまくいかない経験〉の積み重ねの中で，自己と他者の関係を編むことの難しさやコツを覚えていくのです。遊びによってかかわりの中を生きる耐性を身につけていくといってもよいのかもしれません。

　子どもの頃，そうした局面をどうやり過ごしていたのか，思い出したり話しあったりしてみましょう。そして，遊びを通して，どのような生きる力が身につくのか，話しあいましょう。

話しあいメモ
- -
- -
- -
- -

◆ さらに深く考えてみよう　ごっこ遊びの意味

■ままごと遊びで生まれるものがたり

　ままごとは、「見立て遊び」とも呼ばれ、葉っぱ1枚がお皿になったり、石ころがごちそうになったりする中で、それぞれの子どもが持つものがたりが育っていきます。

　ハイハイが得意な1歳のLちゃんは毎朝保育園に一番に登園してきます。早番の保育者が洗濯物をたたむ様子をよく見ていたのでしょう。ある日、自分の周りにままごと用のハンカチを小さな手でいっしょうけんめいたたんで数枚ずつ重ねていました。なにをしているのかなぁとよく見ていたら、どうやら保育者が洗濯物の仕分けをしているのをまねしているようなのです。台ふき、ぞうきん、タオル、足ふきマット等それぞれたたんで重ねている様子を毎日毎日見ていたLちゃん。その体験が遊びの中で再現されたのです。

　0歳児クラスはまだ首のすわらない子から、つかまり立ち、よちよち歩きの子まで月齢によって発達の様子がさまざまです。保育者が自分より小さい子の世話をしているのもよく見ており、Lちゃんは午睡の時間に、保育者のひざに座って両隣の子をトントンと寝かしつけるような仕草をすることもありました。このように、どんなに小さな子どもも、ものがたり性を持って、食事、子どもの世話等の日常生活を再現しているのです。言い換えれば、幼い子どもたちにとっての内側のものがたりはまねるべき外の世界（ささやかに繰り広げられる日常の営み）をものがたりの基本としてとりこむことから編み出されているということかもしれません。

　ままごとで生まれるものがたり、世界観について、じっくり考えてみましょう。

■ままごと遊びの質の変化

　ここで実際にワークに取り組んだ学生たちの様子を紹介しましょう。

　いきなり新聞紙をジャージャーびりびり裂いて、ブラウスを作り、背広を作り、カードリーダーを設置してカード払いOKの〈テーラー〇〇〉を開店するグループ。店主役とデザイナーと売り子がさっさと決まって、残りの2人が、おとうさんとおかあさん役。「あなた、洋服買って～」でものがたりはスムーズに始まっていました。また、大学のロビー前に陣取り、腹ばいになった馬役の学生の背中に大きな三角形に固めた新聞紙のもぐさをのせて、みんなでそれを「がんばっ

てー」と見守っている不思議なグループもありました。「わたしたち，夜逃げ家族なんですぅ。つらいですぅ」と言いながら，新聞紙を風呂敷代わりにして肩に背負い，キャンパス内を徘徊するグループも，ワールドバザールだと言って，各自がてんでにいろんな国の人に扮し，お国自慢の食べ物を新聞紙で作って食べあっているグループもありました。

　さまざまなアイデアを生かし，いろんなドラマを作って楽しんでいるのです。そのバリエーションの豊かさと突飛さに驚かされるとともに，これは〈ドラマ〉であって，日常生活を写し取る「ままごと」ではないことにも気づかされました。

　学生たちがもう大人になってしまい，子どもの頃の「見立て」そのものが大きくなっていくことへの希望に結びついていた時期を終了したせいでしょうか？　それとも，子どもたち自身のままごと世界の実相も同じように変質してきているのでしょうか？

　おかあさんがご飯を炊いて，みんなでテーブルを囲んでおしゃべりしながらご飯を食べて，赤ちゃんを寝かしつけて……そういうありふれた日常の風景が，子どもにとって「いつか大きくなったらわたしも……」と憧れる対象ではなくなってきているのだとしたら……写し取るべきささやかな日常が虚ろになってしまい，刺激の強いフィクションの世界の方が彼らに近くすり寄ってきているのかもしれません。

　最近のままごと事情として，昔はおかあさん役が憧れの対象だったけれど，今はペット役が一番人気だとか，ままごとの台所用品からまな板や包丁が消え，レンジでチンが主流などということがあるようです。

　ままごと遊びの内容から，大人たちが守り育てていかなくてはならないはずの〈家族の日常〉から子どもの目がそれているのではないか，という指摘について，考えてみましょう。

　■ごっこにおける自己と他者の関係づけあい
　JT生命誌研究館館長の中村桂子は，子どもに限らず東日本大震災以降，わたしたちに与えられている課題は，人間・自然・機械（人工）の関係の見直しだと言っています。そして，これまでのような機械論的世界観でなく，生命論的世界観に変えていく，その手がかりとして「遊び」があるとも，述べています。また松岡正剛は，中村氏との対談の中で，「生命という秩序を生んでいく時にも，初期状態にはコンテキストフリーで遊びのようなところがあって，徐々に文脈

をつくっている。〜中略〜 情報と自己の間にいろんなレベルで多様な遊びがある」と述べています（『季刊　生命誌』69号，JT生命誌研究館，2011）。彼は生命のプロセスそのものが遊びなのだと考えているのです。そして遊びのプロセスには，冗長なものや変動するものを含んだ自己と他者の関係づけあいがあるとしています。ワークで行ったままごとは，大人世界をモデルにまねる遊びで，自己と他者の関係づけあいがなされているといえるでしょう。

　ままごとだけでなく，さまざまなごっこ遊びを通して，子どもたちにどのような生きる力が身につくのか，具体的に考えてみましょう。

　たとえば，男の子の大好きな電車ごっこ。電車になったつもりで見えない線路の上をひとりガタゴトガタゴト走っていたのが，いつのまにか駅を作ってくれる仲間と出会う。駅で切符を切る人，電車に乗り込むお客さん，かかわりと繋がりの輪が少しずつ広がっていきます。自分ひとりだけで想像の世界を遊ぶことから，誰かとの関係作りの中でより重層的な想像世界へと遊びが発展していく可能性が，ごっこ遊びにはあります。そして，他者の想像世界と自分の想像世界の接点を見つけ出し融合させていく力が自然に生まれてくるのです。

　他のごっこ遊びについても考察を深めてみましょう。

◎ ブックガイド

1．『おもしろ荘の子どもたち』
　　アスドリッド・リンドグレーン（作），石井登志子（訳），岩波書店，2010
　　　小学1年生になったばかりのおてんばなマディケンは，次々とおもしろい遊びを考えだします。山登りのつもりで妹と共に屋根に登ったり，凍った川をすべって遠出をしたり……。思いついたらすぐやってみようとするところや，勘違いや思い込みからトラブルになってしまうところは，子どもならではです。子どもの感じ方や考え方を理解できるだけでなく，それをあたたかく見守る大人たちの姿も参考になるでしょう。

2．『子どもの心の育ちをエピソードで描く――自己肯定感を育てる保育のために』
　　鯨岡峻，ミネルヴァ書房，2013
　　　理論編とエピソード記述編の2部構成になっています。目には見えない子どもの心をどのようにとりあげるのか，保育者はなぜ子どもの心の育ちを書き出す必要があるのか等が論じられています。単なる書き方のハウツーではなく，「子ども」や「保育」をどう捉えるか考えるきっかけになります。

3. 『なぜごっこ遊び？——幼児の自己世界のめばえとイメージの育ち』
　　今井和子，フレーベル館，1992

　　遊んでいる子どもの心の動きがわかれば，見ている大人とその子どもの間に信頼関係が成立します。そしてそれが子どもの自信に繋がり，次の活動（遊び）への原動力にもなっていきます。「見立て遊び」「ふり遊び」「ごっこ遊び」は子どもの育ちにどのように繋がっていくのか，子どもの実例から考えていくことで，目の前の子ども理解が少しずつできるようになります。

4. 『遊びの現象学』西村清和，勁草書房，1989

　　遊びの現象の単純さをそのまま理解していくために，1つずつの具体的な遊び行動を見極めていきます。遊びを自己の存在の可能性を広げるものだという視点で論じています。

5. 『ごっこ遊びの探究——生活保育の創造をめざして』
　　八木紘一郎（編著），新読書社，1992

　　ごっこ遊びに関する研究史を整理するとともに，ごっこ遊びの構造や保育上の位置づけを明確にし，適切な援助の方法について複数の視点から語られています。

◇ 味わってみよう

『ちさとじいたん』阪田寛夫（詩），織茂恭子（絵），岩崎書店，1997

　　この本の中の「ごちゅうもん」という詩は，子どもらしい言い間違い（「れしゅとらん」「おもれつ」等）も含めて，それに大真面目につきあっている大人「じいたん」との関係がとても素敵です。

　　じいたんとちさは，血の繋がった祖父と孫ではありません。その2人が時には子ども同士のようにかかわったり，やりとりしたりしている様子を詩と絵で表現した本です。子どものものがたりに，大人はどれだけ入り込むことができるでしょうか。

　　長いこと考えて注文したり，ズボンのベルトをゆるめてから，よく混ぜて食べたり，いわゆる「うそっこ」の世界で「つもり」になって遊んでいるじいたん。子どもと遊ぶ時，同じ世界に入っているか，ボランティアや実習の時の自分を振り返ってみるのもよいでしょう。

まとめ

　子どもたちは，大人の仕組んだ枠の中でしか遊べなくなってきているという嘆きの声が児童教育関係者の間であがるようになって，久しいです。指導者は，集団の年長の子ではなく，攻略本の作者だったり，監視員のような大人だったり。子どもたちが大人の世界をのぞき見して，そこから自然に社会のルールや地域の繋がりを会得していく機会が奪われたまま，子どもをターゲットにした〈遊ばせる産業〉だけが，肥大化してきているのです。

　ごっこ遊びを体験しながら，なにが失われてきているのかを実感してもらうことが，この章のねらいでした。

学びメモ

COLUMN

ふーふー

　２歳児のクラスで，ままごとをしていたＭくんがまな板の上にお茶碗を伏せて置き，その上にコップをのせました。そのコップの中におもちゃの人参とりんごを入れて伏せたお茶碗を人差し指で指し「スイッチオン！」と言いました。

　Ｍくんはまな板とお茶碗とコップを組み合わせて「ミキサー」に見立てていたのでした。そのクラスでは，先日実際にミキサーで人参ジュースを作って飲んでいました。その時の体験がＭくんには色濃く残っていたようで，ままごと遊びの中で再現したのです。みんなで作って楽しかった，おいしかった等の生活の中での感動体験が遊びに繋がりました。Ｍくんの遊びは同じ体験をした子どもたちにすぐ理解されて，いろいろなジュースが作られていました。

　柔軟な発想の裏には，「そっくりに再現してみたい」という気持ちがあります。年齢が上がるほどそれは顕著になり，年長児にもなると「いかにそっくりにできるか」ということを子ども同士で試行錯誤しながら遊ぶようになります。この試行錯誤がどれだけ子どもたちの力になるか。そのためには，感動体験が欠かせません。保育者を含む大人は子どもたちにどれだけ感動体験の機会，場を与えることができるでしょうか。単なるイベントをこなすのではなく，子どもの心がしっかり動くようなものにしていきたいものです。

　３世代同居をしている２歳の男の子Ｎくんがいました。ある日ままごとコーナーにお呼ばれしていると，お茶を注いできてくれました。「ありがとう。あちっ。Ｎくん，このお茶熱いわ」と熱がってみせると，「わかった」とわたしの手から湯のみを受け取り持っていきました。てっきり「ふーふー」と吹いて冷ますのだろうと思っていたら，流しに置いてあるやかんを持ち上げて，わたしに見せながら「こっちはぬりぃからな（ぬるいからね）」と言いながら注ぐまねをしました。どうやらいつも家では，おばあちゃんがお茶を沸かしたら流しでやかんのまま冷ましているようです。だから，急須で入れたお茶は熱く，やかんのお茶はぬるいというわけです。買ってきたペットボトルからお茶を注いでいたのでは，この発想は出てこないでしょう。「ぬりぃからな」という言い方もおばあちゃんそっくりで，大真面目なＮくんを前に必死で笑いをおさえました。

　対照的に，Ｏちゃんはわたしが「のどが渇いたなあ。ジュースが飲みたいな」と言うと，冷蔵庫からでなく棚の一か所を「ピッ」と押してコップを受けて入れるまねをしました。それはまるでファミリーレストランのドリンクバーのようでした。

この章では，もう1つ別のワークにも挑戦してみましょう。次は戸外に出て思い切り五感を開き，全身で世界と対話する遊びの世界を体験してみます。

♠ ワーク8：風と遊ぶ

①　5人程度のグループを作り，風の音がよく聴こえる場所を探しに出かけましょう。

②　グループごとにいろんな場所で目を閉じて，聴こえてくる音の違いを楽しみましょう。その感じをワークシートに自分のことばで書き込みましょう。

③　次に，風の見える場所を探しに行きましょう。

　＊たとえば，空を見上げ，雲の行方を追いながらゆっくり流れている雲，とどまっている雲，それぞれの空での様子を感じて風の動きを見つけてもいいですね。

④　どうやって，風を見つけたのか，風を見るとはどういうことなのか，ワークシートに書き込みましょう。

　＊このワークシートは，子どもと一緒に活動する時も使えます。

⑤　最後に，あなたが感じたままに風の絵をシートに描きましょう。

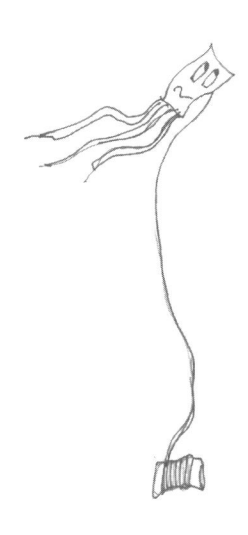

===== ワーク8：風と遊ぶ =====

風はっけんシート

はっけんたいいん名 _____ メンバー _____
　　　　　　　　　　　　　　　　　　　　　　　　　　　　_____

○室内・屋外に分けて，風の発見場所と，どんな事象から発見できたか，さらにその風はどんな
　身体感覚を通じて感知されたのかをシートに記入していきましょう。

室内	こんなとこに風はいたよ！	こんな姿をしていたよ！	マーク
	（例1）机の上のティッシュケースの中のティッシュ	クーラーの風を受けて，ふわふわ踊っていたよ	👁
	（例2）少し開いていた窓のブラインド	窓ガラスに何度もぶつかって，ガチャガチャ音をたてていたよ	👂
屋外			

　　　感知マーク：見えたぞ・見つけたぞ 👁　　聴こえたぞ 👂　　においがするぞ 👃　　触れたよ ✋

○たんけんを終え，あなたの一番好きだった風の絵を描きましょう。

♣ 討論　土・火・水を発見する遊びを考えよう

　「風」の存在を自分の身体を通して感じ直すワークの体験から今一度，遊びのもたらすものについて考えてみましょう。そして，風に続き，土や火や水を感じるワークを今度は子どもたちと一緒に楽しむ活動を想定して，グループで話しあいながら，計画してみましょう。

　ワーク8の元になっているのは，山口県下関市にある梅光学院幼稚園の試みです。この幼稚園では「表現活動を通して生きる力を育む」をテーマにした〈関係づくりと音・色・ことば育てプログラム〉を2年間続けて実施しました。これは，大学に「子ども学部子ども未来学科」が新設されたことをきっかけに，幼稚園の子どもたちと大学生たちが，音楽表現・造形表現・言語表現など感性を育むさまざまな仕掛けを共に楽しみあいながら，「繋がりあうこと」の大切さを学ぶものでした。当時の園長横山真佐子先生は「現代の子どもたちの日常は，雑駁で多量な『物』にかこまれ，意味のない『おしゃべり』が行き交い，心の伴わない機械に占領されています。つまらない大人社会に翻弄されているといってもいいでしょう。だからこそ，子どもたちが本来求めている，生きるために大切なことを学ぶために，幼稚園教員，大学教員，学生，両親，地域の人などと共に『つながり』『変わり』『生きる喜び』を味わえるプログラムを考えました」と述べています（平成17年度教育改革推進モデル事業報告書「表現活動を通して生きる力を育む」より抜粋）。

　みなさんがここで討論することも，この「繋がる学び」の1つです。

　話しあいメモ

◆ さらに深く考えてみよう　子どもをとりまく環境と遊び，体験活動

　図2は，子どもの体験学習の乏しさを表す資料です。今，五感を働かせる自然体験の必要性が叫ばれ，夏休みや冬休みに自然体験ツアーが組まれるなどして子どものたくましさや危険回避能力を身につけさせようとする取り組みが，ずいぶん増えてきています。中学生より小学生の方が体験の割合が多いのはそういった大人側の試みの表れもあるのでしょう。

　しかし，高齢者やハンディキャップを抱える人たちとのかかわりは小・中学生共に10％台にとどまっています。異文化・異集団との自然なかかわりあいと理解を深めるためには，夏休みや冬休みを利用したイベント的な出会いを設定することでは限界があります。

　さらに視点を変え，同じ項目について大人はどれほどの体験を積んできているのかを考えると，問題の根っこはほとんど変わりません。こうした状況を，日本の社会機構全体の問題として考えてみる必要があります。

　また，子ども同士だけでなく大人と遊ぶ時間についても興味深い結果が出ています。ドイツやカナダでは，親の労働時間が少なく地方で過ごす家族ほど，子どもと共に日常的に戸外で遊ぶ割合が高いといいます。日本の労働時間の少ない親は，社会的にも精神的にも追い込まれ，余暇の時間を子どもとの大らかな自然体験に費やす余裕はないのではないでしょうか。

　子どもの自然体験のあり方，親の労働環境など，子どもをとりまく社会や環境についても考えてみましょう。

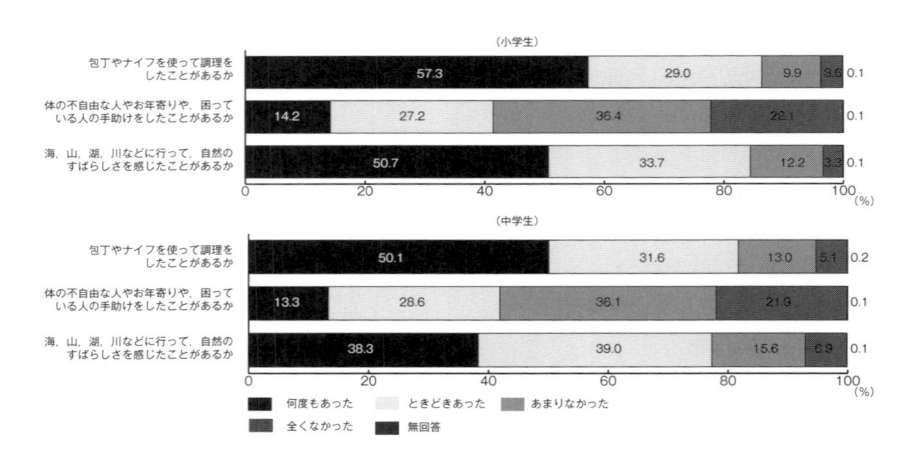

図2　遊びや体験活動の状況に関する割合（内閣府『子ども・若者白書』2010）

子どもたちが毎日泥んこになりながら自然とふれあい，のびのび遊べるようにしてあげたいと，大人なら誰でもそう思っているはずです。しかし，原発事故から数年経っても，風向きを気にし，自由に戸外で遊ばせることができない地域が，いまだ日本のあちこちに存在します。

　また，保護者の困窮やうつなど心の病の問題で，わが子を保育園に連れていくことすら難しい家庭も少なからずあります。子どもは保育所に通えないだけでなく，光に当たることさえ制限された簡易宿泊所などで親と共に寝泊りしているような厳しい生活環境に置かれている場合もあります。子どもの健康な暮らしを支える環境を大人社会がどんな責任感を持って確保すべきか，「知らなかった」ですまされない問題が山積みです。できるだけ，理想論で語らず，現実の子どもたちが置かれている状況を知ることから，この問題と向きあってみてください。

◎ ブックガイド

1．『遊びの人類学ことはじめ──フィールドで出会った〈子ども〉たち』
　　亀井伸孝（編），昭和堂，2009
　　　人とサルの遊びの違いをフィールドにおいて観察比較し，そこから心の発達や進化の過程を説くなど，人類学的視点から遊びについて語られています。
2．『新版　遊びの教育的役割』染谷久雄・森琳，黎明書房，1996
　　　遊びの教育的意義を「育てる」という観点から解き明かします。理論に合わせて，実際の遊び場面をとりあげ，どう読み取っていけばいいのかをじっくり考えることができます。
3．『野外遊び大図鑑──見る！触る！試す！』田村佶（編），学習研究社，1995
　　　四季折々に，戸外で自然遊びを楽しむためのヒントが具体的に示されています。ケガをした時の応急処置の方法など野外保育活動の基礎知識も得られます。
4．『ジルベルトとかぜ』
　　マリー・ホール・エッツ（作），たなべいすず（訳），冨山房，1975
　　　風と戯れ風と話すことができる少年の，ゆったりとした遊びの空間と時間を描いた絵本です。
5．『よあけ』ユリー・シュルヴィッツ（作），瀬田貞二（訳），福音館書店，1977
　　　老人と孫が2人だけで，湖のそばで一夜を明かします。静かに朝が明けていく気配を，読者も全身を自然の受信器にして味わうことができる類まれな絵本です。

◇ 味わってみよう

「からだのみなさん」五味太郎,『かがくのとも』402号,福音館書店,2002

　この絵本をめくりながら,声を出してみると,わたしたちが休むことなく心を動かしながら生きているということは,わたしの身体が生き生きとその心に向かう通路を開いているということなんだなぁと,しみじみしてきます。そして,外からのいろんな刺激を興味津津に受け止め,脳と連携しあってことばに変換し続けているのだなぁと感じます。変換されたことばが,心なるものに向かって通路をかけめぐっているのですね。

　こうした心と身体の動きが,「遊びを生きる子どもたち」の中で鮮明に浮かび上がってくる絵本です。大人たちが子どもに向かって愛おしそうな表情で「身体にだけは気をつけて」とつぶやくのは,「生きるということをその身体でもってたっぷり味わいなさいね」という人生の先輩としてのエールなのかもしれません。

> **まとめ**
>
> 　「子どもをどのように育てるか」という視点だけで〈遊び〉の問題を考えていくことには限界があります。わが子だけ幸せであれば,うちの家族が楽しければという身勝手な考え方も出てきます。
>
> 　「子どもの未来のあるべき姿として大人たちがなにを見せることができるか」「子どものためにどのような未来社会を作っていきたいのか」を考えれば,〈遊び〉を見守るかたちも,今とはずいぶん変わってくることでしょう。子どもたちの〈遊び〉の問題を自分たちの今に引き寄せ,五感を大切にしながら考えることが,この章のねらいです。

COLUMN

ゆり組さんの旅人

　山口県下関市から船で九州の門司に渡り，ちょっとした旅人気分で実習の見学に幼稚園を訪れました。年中クラスゆり組さんのお部屋のドアを開けると，にぎやかな子どもたちの声。窓際のキッチンセットを使って，女の子たち6人グループがままごとをしていました。わたしは，ひどくのどが渇いていたので，ついとんとんと，見えない家のドアをノックしました。すると，6人がいっせいにこちらを向き，中のひとりが，見えないドアを開けて「なにか御用ですか？」と聞いてきました。そこで「わたしは海を渡ってきた旅人です。のどが渇いて死にそうです。なにか飲み物をください」と答えました。しばらく6人はひそひそ相談していましたが，またまた見えないドアを開けて「こちらへどうぞ」。人形用のちいさなイスにお尻を押し込め待っていると，やがてままごとのコップが，トンと目の前に置かれました。
　「ほう，これはなんという飲み物ですか？　とてもいいにおいがします」と言うと，様子をうかがっていた6人がクスリと笑って「コーヒー牛乳です」。
　「おお，これはおいしい」と言いながらごくごく飲み干すと，ままごと魂に灯がついたのか，ありとあらゆる御馳走が次から次へと並びました。しばらくすると，6人の中のひとりが「ねぇ，もうじゅうぶんなんじゃない？」と囁きました。「このまんまじゃ，うちの食べ物がみんななくなってびんぼうになるよ」。暇乞いのチャンスをうかがっていたわたしは「あぁ，もうおなかいっぱいです。そろそろまた旅にでなければ」と言って立ちあがりました。6人は，ホッとしたような，がっかりしたような複雑な表情で手を振ってくれました。
　見えないドアを開け外へ出たわたしめがけて，だれかがだぁっと駆けてきました。お部屋の隅で様子をじっと見ていたひとりの少女でした。彼女は「これあげる」とプラスティック製のバナナを差し出しました。「わたしにくださるのですか？」少女は満足げにうなずきました。「これはいい。では，寂しい時はこれを枕にして寝ることにしましょう」と少しおどけて言うと「枕にしたらつぶれるよ」。「では，胸に抱いて参りましょう」と言うと「早く食べないと腐るよ」。彼女はバナナをパクパク食べる姿を見たかったのでしょう。なのに，わたしはその黄色いバナナをカバンに入れて，ゆり組さんのドアを開けようとしたのです。その瞬間，少女の悲鳴のような声が響きました。
　「だめよ！　このお話はそのドアまでなんだから！」
　子どもは，ウソの世界を本気にする未熟な生き物ではありません。彼らはウソっこの世界を本気で生きる術を知っているのです。ウソっこの世界と現実世界の境界を〈遊び〉を用いて行き来する，そのルールの確かさに心を揺さぶられました。

第8章 子どもと絵本・子どもと読書

物語の力について考えよう

　ここまでの章で，日々の生活を支える中心に，子どもたちの内側に息づく大小さまざまなものがたりがあることを見てきました。ここでは，子どもにとって外から与えられる物語，絵本や児童文学作品について，考えていきます。

　絵本と児童文学は，同じくくりの中で捉えられることが多いですが，両者と子どもとの関係は川のこちら側と向こう側のように異なるものです。小さい時にいっぱい絵本を読んでもらって楽しんできたことと，自分がページを開き読み進めていく読書とは，同じ道の延長上の関係ではないのです。川のこっち側でゆったり過ごし，今度は橋を渡って，あるいはぐるりと回り道をして，あるいは自分で渡れる丸太橋を作って向こう岸に渡る，この両側での体験を上手に見守れる大人でありたいものです。

子どもと絵本

　2001年4月，英国で始まったブックスタートが日本に紹介され，同年12月に「子どもの読書活動の推進に関する法律」も制定され，日本でも子どもと本を結びつけるさまざまな試みが続けられています。赤ちゃんの頃から絵本に親しむ。保育園でも幼稚園でも学校でも，家庭においても，朝に，お休み前に，おかあさんだけでなく，おとうさんも積極的に絵本やおはなしを読んで聞かせてあげる。それは，とても微笑ましい光景で，読書に親しむ機会が増えることに異論を唱える人はいないでしょう。ただ，この活動が強調する「読書は心の栄養になる」の深い意味については，あまり検討されていないように思います。

　子どもに小さい頃からたくさん絵本を読み聞かせれば，自動的に「心の優しい子」に育つのでしょうか？　絵本には計算し尽くされた「情操育成装置」が配備されているのでしょうか？　そして，その素晴らしい「情操育成装置」を壊さぬよう邪魔せぬよう読み手はなるべく無機的に読み聞かせるのがよいので

しょうか？ そんなことを問いながら，ワークに取り組んでみましょう。

♠ ワーク9：絵本の読みあい

用意するもの：読みあいのための絵本
　＊参加人数の2倍程度の絵本を机に並べておきます（読みあいに適した絵本リスト100冊を章末に記載）。
① 2人組を作ります。
　＊なるべく，〈運命的な出会い〉を実感できるように，楽しみながらペアリングしましょう。
　＊たとえば，それぞれが，自分をなにかの食材にたとえ，全員と握手しながらその食材名を伝え，その後，「おいしい料理」になるように，ふさわしい相手を見つけていく，というペアリングもいいでしょう。
　　例　Pさん「にんじん」＋Qさん「キャベツ」→「さわやかサラダ」ペア
② ペアになった相手に似合いそうな1冊を並べられた絵本の中から選ぶ〈本の探偵〉になります。読みあい探偵シートを参考にしながら，ペアの相手のための1冊を選びましょう。
③ 互いに絵本を選び終えたら，2人で相談して，選んだ絵本に似合いそうな場所を探して，お互い，心を込めて読みあいましょう。
　＊相手のために絵本を選んでそれを読む時，実際には，相手も心の中で一緒に声を出して読んでいるかもしれません。ですから，一方的にあなた主導で読み進めるのではなく，2人一緒に絵本の世界に分け入っていく気持ちで読みあうことが大切です。
④ 2人とも読み終えたら，読みあい振り返りシートに，感想などを記入しましょう。
⑤ シートを記入し終わったら，ペア同士でシートを見せあい，相手がどんな気持ちでこの絵本を選び，どんな気持ちで読んでくれていたのか，話しましょう。
　＊その絵本を選んで読んでくれたことと，「聴く」ことを通した自分の受け止めがどんなふうに絡まりあって「読みあい」の場が成立していたのかを確認してみましょう。

━━━ ワーク９：絵本の読みあい ━━━

（　　　　　　）さんのための読みあい探偵シート

１．今，一番見たいものは，なんですか？

２．最近，くやしかったことがありますか？

３．一番好きな花は，なんですか？

４．てんじょうからワニが３匹落ちてきたら，どうする？

５．一番丸いものって，なんだと思う？

６．これだけは絶対しないって，決めていることがある？

７．あなたが，一番聞いてみたい質問をどうぞ！

　　　　さあ，この探偵シートを使って，探偵開始です！
　　　　この人には，どんな絵本が，お似合いでしょう？

読みあい振り返りシート

あなたが相手のために選んだ絵本はどんな絵本？

『　　　　　　　　　　』（　　　　　　）

選んだ理由は？

実際に読んでみてどんなことを感じましたか？

相手があなたのために選んでくれたれ絵本はどんな絵本？

『　　　　　　　　　　』（　　　　　　）

実際に読んでもらってどんな気持ちがしましたか？

♣ 討論　読み聞かせの時，心配なこと

絵本を子どもたちに読むことを想定した時，不安になること，どうしたらよいか心配なことを書き出してみましょう。そして，グループでどうすればよいのか話しあってみましょう。

　　例　読んでいる最中に子どもが飽きてしまったらどうすればいい？
　　　　後ろの子どもが「見えない！」と言い出したらどうすればいい？

```
話しあいメモ
---------------------------------
---------------------------------
---------------------------------
---------------------------------
```

◆ さらに深く考えてみよう

絵本を読む声

　絵本はたいていの場合，他者の声を通して〈絵〉，〈ことば〉，〈絵とことばの間にあるもの〉が自分の胸に届きます。読み手である他者の声は，いい声であろうが，しわがれ声であろうが，抑揚のない声であろうが，すました声であろうが，聴き手に向かってやってくる〈外の物語〉の通路です。どこをどんなふうに通って「外の物語」が自分のもとへやってきたかは，物語との信頼関係を結ぶ大事な手がかりになります。

　大学生のRさんは，小学生の頃，妹と2人で布団の中で聴いたお父さんの読む『ももたろう』の絵本が大好きだったそうです。「ストーリーは，もうざっくりとしか覚えていないけれど，おとうさんが，口をとがらせ『どんぶらこっこすっこっこどんぶらこっこすっこっこ』と桃の流れる様子を語る姿だけは強烈に覚えている。妹と2人で，その声を聴くと，必ず，きゃーと声をあげていた。最近，久しぶりに父親を誘って，2人で読みあいをしようということになったら，

やはり父親は本棚から『ももたろう』を取り出して，あの頃と全く変わらぬ調子で『どんぶらこっこすっこっこ』と読んだ。もうわたしはその声を聴いてもきゃーという感情はわき上がらなかったけれど，あの頃と同じように『きゃー』と声に出して言ってみた。すると，父はなんとも嬉しそうにほくそ笑んでいる。ところが，あとで父が手にしていた絵本『ももたろう』を見てみると，そこに書かれていることばは『つんぶくかんぶく』であって，『どんぶらこっこすっこっこ』ではない。父に問いただすと『おれが聞いて育った桃は，そういうふうに流れてきた。だから，それでいいのだ』とすまして言ってのけた。あぁこの父の語る『どんぶらこっこすっこっこ』の声は，我が家の幸福の記憶なのだとつくづく思った」とＲさんは話してくれました。

　絵本を誰かに読んでもらうことは，自分は愛されていいんだということ，あなたにこの絵本を読める嬉しさをあなたがいればこそ味わっているのだという他者の喜びの源に自分という存在があることを確かめる営みなのです。

絵本読みで一番大切なことは？
　それは，絵本を読み始めたら，途中で絵本の住人であることをやめないことです。〈討論〉で出てきた多くの質問の答えにも繋がることでしょう。絵本を読み通すことは，途中でどんな苦しいことや逃げ出したいような困難に出あっても最後まで生ききると何らかの希望にたどり着く，そして，子どもたちを待ち受けている人生のいろいろな出来事，それを１つ残らず経験していくことで，人生とはなかなかにおもしろいものだと気づいてほしいという願いが込められています。ですから，いったんページを開いたら，最後まで読み通してください。子どもが騒いだからといって，掲げた絵本を振り下ろし，「静かに！」などと絵本世界の住人でないことをしないでください。その瞬間に子どもたちは〈な〜んだ〉といとも簡単に物語世界から抜けてしまいます。

　絵本世界は現実世界とは異なる世界。でもその世界を思う存分生ききることを一緒に楽しみましょう。ただ，それがどんなに楽しい時間でも，やがて現実世界に戻ってこなければなりません。それが，一緒に絵本の最後の扉を閉じること。でもまた，表紙をめくれば，いつでも絵本世界に入り込めて，新しい世界を生きることができるのだという覚悟を，どんなことがあっても大切に伝えていくことが大事です。

　とはいっても不安な人たちのために，絵本の選び方・読み方について，よく

質問を受けることがらの，具体的なポイントも少し解説しておきましょう。

- 絵本の選び方

年齢別の絵本の選び方については，多くのブックリストがありますので，最初のうちはそれを参考に，自分が読みを行う場面を想定して，実際に声に出して読んでみるのがいいでしょう。困るのは異年齢の子どもたちを前に読み聞かせをしなくてはならない場合でしょう。この場合は，小さい子に合わせた絵本を選ぶことが基本です。ただし，読み方，読みの場の広げ方にはひと工夫してください。

たとえば，「今日は〜の絵本を読みます」と小さい子向きの絵本をかざして見せると大きな子どもたちは「なぁ〜んだ，そんなのもうとっくに読んだ」と言うかもしれません。そのことばをチャンスに変えてください。「そうか。大きいクラスのみんなはこのお話を知っているんだね。これはよかった，たのもしい。ぜひ先生の絵本読みを助けてください」と持ちかけるのです。そして，セリフの繰り返しやオノマトペのところなどを上手に大きいクラスの子どもたちに読み助けしてもらうのです。大事なことは読みの場に集まったみんなが先生と繋がっていると子どもたちが実感できること。先生は，小さい子に向けた絵本を読んでいるけれど，ちゃんとみんなで楽しみたいと思っているんだなとわかれば，どんな絵本からでも，大きい子は大きい子なりのレベルの高い読み取りをするものです。

- 絵本を読んでいる最中に絵本に関係ないことを子どもが話しかけてきたら？

語りかけてくる子どもにとっては，関係ない話ではないのです。おはなしの場面を借りて「先生，こんなことを思いついた（知っている）ぼくがここにいるよ」というサインを送っているのです。ですから，〈そうか，そんなことを先生に話したい○○くんが今ここにいて，みんなと一緒に絵本を読んでいるんだね〉という心持ちで黙ってうなずいてください。そして，そのあとが大切。特定の子どもとかかわったあとは必ずそのほかの子どもたちのことを意識して〈みんなで読みあっているよね〉ということを無言で伝えてください。

- 絵本は声色を使って読んでもいい？

それは，絵本によって違います。おはなしの構成がきちんとしていて，どん

な読みの場であっても，そのおはなしの届き方は一定だと思われる場合は，その絵本に一番ふさわしい声の高さ，リズムを見つけて，安定した読みを心がけてください。でも，参加型の絵本のように，読みの場や，読みあう年齢によって，作品の表情が変わる絵本の場合は，今この場所でもっとも絵本の物語世界が生き生きと伝わる読み方を工夫してください。気をつけなければならないことは，《自分の読みを披露する》パフォーマンスに走らないこと。あくまでも，その絵本や絵本読みの場が引き立つ演出を考えるということです。

◎ ブックガイド

1．『子どもと絵本を読みあう』村中李衣，ぶどう社，2002
　　小児病棟に入院している子どもたちが絵本との出会いによって，どんなふうに自分の世界を広げ，不安や怒りや悲しみの感情を制御できるようになっていったかが綴られています。
2．『絵本の読みあいからみえてくるもの』村中李衣，ぶどう社，2005
　　0歳から100歳まで，さまざまな場面での読みあいの実践例をもとに，絵本を単なる読み聞かせの材料として捉えるのでなく，人と人を結ぶ通路として絵本を読みあえる場を育てていくことの大切さについて書かれています。
3．『人生ではじめて出会う絵本100──あかちゃんのための50冊おとなのための50冊』
　　横山真佐子（編），平凡社，2002
　　赤ちゃんにとって，親しい人の声を通して小さな物語と出会っていく幸福を，1冊ずつの絵本解説とともに感じあえるガイドブックです。
4．『絵本の本』中村柾子，福音館書店，2009
　　絵本は「かわいい」ものがいいのでしょうか。40年以上保育に携わり子どもと絵本を楽しんできた著者の体験が，だれもが持つ絵本にまつわる疑問を解き明かしてくれます。絵本の見方を考えるきっかけになる本です。
5．『えほんのせかいこどものせかい』
　　松岡享子，日本エディタースクール出版部，1987
　　絵本をどのように読み聞かせたらいいのか，持ち方等，基本的なことから丁寧に書いてあります。絵本の文章の役割，お話の構成等，具体的に絵本をとりあげて説明してあるので，実際に絵本を手に取って読み返してみてもいいでしょう。グループでの読み聞かせにおすすめしたい絵本のリストには，本の内容や読む時に配慮するところ等の解説も載っています。

まとめ

　子どもと絵本の関係には，たいてい「絵本を選ぶ」「絵本を読み聞かせる」「絵本を子どものために購入する」大人が介在します。子どもにとっては，夢中になって入り込んでいった物語の記憶とともに，傍らにいて一緒に楽しんでくれた大人の記憶が柔らかく残ることの方が，「読ませよう」「聞かせよう」という大人の計らいよりも大切です。ワークを通して，絵本は聞く人にとってだけでなく，声に出して読む人にとっても，毎回新しい発見や感動があることを実感してもらいました。もちろん読みの技術も磨いていかなければなりませんが，その技術が本当に子どもたちと物語を繋ぐものであるのかどうか，マニュアルにとらわれ過ぎずに考えたいものです。

学びメモ

子どもと読書

　ここまで，子どもと絵本について，考えてきました。ここからは，子どもと読書について，考えていきます。

子どものための読書——絵本から物語への橋渡し

　幼い頃に絵本をたっぷり読み聞かせてもらった人でも，大きくなるにつれて本から離れてしまった，読むけれどあまり想像力を働かせなくてもすむ有名人のエッセイやミステリーくらいしか読まなくなったという声をよく聞きます。

　絵本をたくさん読み聞かせれば，子どもたちは自然に読み応えのある物語に手を伸ばしていくとはいいがたい現状があります。大人になっても絵本だけ読んでいればいいと考える人は少ないと思いますが，ではどうすればいいのか，考えてみましょう。

　なぜ読書が必要なのでしょうか。文字が読めることと，物語の中の登場人物の心の動きを読み取れることは違います。皆さんが勉強している外国語を例に考えてみてください。文字をたどりながら読み上げることはできても，読みながら即理解することは難しいものです。子どもが母国語で読む場合も同じです。加えて，今は自然体験や生活体験が不足しています。昔は本なんて読まなくても，豊富な実体験ができ，昔話の語りを聞くなどの間接体験をする機会もあり，生きる上での知恵や知識等を得ることができました。しかし，今はそれらの体験の不足により，現実の問題への糸口をつかむことが難しくなっています。単なるハウツーでは解決できない現実問題に立ち向かうためには，それらの体験を補うことができる読書により，思考力や想像力を身につけることが不可欠となっているのです。それでは，読書でどんな力が身につくのか，整理しておきましょう（詳細はp.96ブックガイド１，２を参照）。

読書によって身につく力
①思考力

　登場人物のそれぞれの姿形，行動や考え方，お互いの関係性等は，物語が進むにつれてわかってきます。その物語自体の世界観や時代背景等も一度に書いてあるわけではありません。複数の絡みあう情報を整理しながら物事の繋がりを把握していくには，思考力が必要です。先を予想したり，矛盾に気づいたり

できるのも思考力があってこそです。

　映像や電子メディアでは，情報を受け取るだけで精いっぱいになってしまい，思考力は育ちにくいでしょう。また矛盾だらけの雑な作りの本も，いくら読んでも思考力は育たないでしょう。

②**想像力**

　他者の立場に立って，物事を考えたり感じたりすることができる力です。登場人物に共感しながら読んでいると，今したことが，あとでどういう結果になるか推測することができるようになります。物語にはいろいろな立場の登場人物が関係しあって出てきますので，主人公だけでなくそれぞれの立場から物事を見ることができますし，物事の過程もたどることができます。

③**自己認識力**

　質のよい物語の場合，主人公に共感しながら，同時にその主人公を保護者のような目で見守ることができます。その経験が，自分を客観的に見ることに繋がり，行動する前に考える習慣がついたり正しい判断をくだすことができるようになったり，自己を客観的に認識する力が育ちます。

④**書きことばを使う力**

　話しことばと書きことばは違います。会話の場合は，その場で付け加えたり，身振りで伝えたりすることができますが，文面で伝える場合はそうはいきません。誤解の生じない正確な説明力が必要になってきます。書く順序や説明の仕方，どうやったら目の前にいない相手にことばだけで伝えることができるか，慎重に判断しなくてはいけません。

　書きことばを使う力をつけるには，書く練習だけでなく，「書きことばを読む」ことが有効です。その点，児童文学は書きことばで書かれてはいますが，話しことばである会話が多く，読みやすいので，書きことばを読む練習にはもってこいです。書きことばを読むことに慣れていない人でも，主人公に共感して読み進めるうちに，描写や説明の箇所等，書きことばだけで書かれているところも読むことができ，「書きことばってこういうふうに使うのか」ということが次第につかめてきます。

力をつける読書に繋げるには

　絵本の読み聞かせから，子どもが自ら読む読書にどのように繋げていけばよいか，考えてみましょう。絵の少ない本，文字ばかりの読み応えのある物語を

子どもが読み始める時，最初の数ページで挫折してしまうことがあります。最初は，まだ場面設定や登場人物同士の関係もつかめないので，情報処理に困ってしまい「つまらない」と投げ出しがちです。読み始めは頭に入ってこないのが当然なのです。だからといって，「子どもがスイスイ自分で読めるもの」がいいわけではありません。自分で読めと言われたら，子どもは中身のない薄い本にしか手を出さないでしょう。でもしっかりした物語を大人が読んでやれば聞くことができます。「自分で読みなさい」と子ども自身が文字を追って読むことばかりに注目するのではなく，まずは質のいい物語を読んであげて体感することを重要視しましょう。

　そのうちに，物語は後半になっておもしろくなってくることがわかってくると，辛抱して読むこともできるようになってきます。また，矛盾だらけの中身の薄いものこそつまらないということもわかってくるでしょう。

　最初の情報整理の手助けは大人がやってもいいのです。

絵本から物語への橋渡しおすすめ本リスト
　　はじめは子どもに読み聞かせ，一緒に物語を体験しましょう。
《絵はたっぷり，聞きごたえもたっぷり》
『チムとゆうかんなせんちょうさん』E・アーディゾーニ（作），瀬田貞二（訳），福音館書店
『時計つくりのジョニー』エドワード・アーディゾーニ（作），あべきみこ（訳），こぐま社
『番ねずみのヤカちゃん』R・ウィルバー（作），松岡享子（訳），大社玲子（絵），福音館書店
『クリスマス人形のねがい』R・ゴッデン（文），B・クーニー（絵），掛川恭子（訳），岩波書店
《物語を楽しむ基礎をつくる昔話集》
　　はじめから全部読まなくてもOK。（「　」はおすすめのお話です）
『イギリスとアイルランドの昔話』石井桃子（編・訳），J・D・バトン（画），福音館書店
　　「ジャックとマメの木」「トム・ティット・トット」「ディック・ウィッティントンとネコ」「グリーシ」
『世界のはじまり』
　マーグリット・メイヨー（再話），ルイーズ・ブライアリー（絵），百々佑利子（訳），岩波書店
　　「カメの背に乗る地球」「マウイの千の知恵」「うけとれ，走れ」
『ねこのおんがえし』中川李枝子（文），山脇百合子（絵），のら書店
　　「とらときつね」「いぬとねことうろこ玉」「こんび太郎」
『いたずらぎつね』中川李枝子（文），山脇百合子（絵），のら書店

　　　　「いたずらぎつね」「マミチガネのぼうけん」

『ロシアの昔話』内田莉莎子（編・訳），タチヤーナ・マブリナ（画），福音館書店

　　　　「どこかしらんが，そこへ行け，なにかしらんが，それをもってこい！」「牛の子イワン」
　　　　「ババヤガーの白い鳥」

『グリムの昔話』1，2，3，フェリックス・ホフマン（編・画），大塚勇三（訳），福音館書店

　　　「金の髪の毛が三本ある鬼」「りこうな，ちびの仕立て屋」「腕きき四人兄弟」「いばら姫」
　　　「ヘンゼルとグレーテル」「灰かぶり」「泉のそばのガチョウ番の女」

『白いりゅう，黒いりゅう』賈芝・孫剣冰（編），君島久子（訳），赤羽末吉（絵），岩波書店

　　　　「犬になった王子」「白いりゅう　黒いりゅう」「くじゃくひめ」

《幼年童話》

『クマのプーさん』A・A・ミルン（作），石井桃子（訳），岩波書店

『けんた・うさぎ』中川李枝子（文），山脇百合子（絵），のら書店

『こぐまのくまくん』E・H・ミナリック（文），M・センダック（絵），松岡享子（訳），福音館書店

『小さな山神スズナ姫』富安陽子（作），飯野和好（絵），偕成社

『ちびっこカムのぼうけん』神沢利子（作），山田三郎（絵），理論社

《本格的な物語　入門編》

『大きな森の小さな家』L・I・ワイルダー（作），G・ウィリアムズ（画），恩地三保子（訳），福音館書店

『おもしろ荘の子どもたち』アストリッド・リンドグレーン（作），石井登志子（訳），岩波書店

『ドリトル先生航海記』ヒュー・ロフティング（作），井伏鱒二（訳），岩波書店

『とぶ船』ヒルダ・ルイス（著），石井桃子（訳），岩波書店

『ふたりのロッテ』エーリヒ・ケストナー（作），池田香代子（訳），岩波書店

『ゆうかんな女の子ラモーナ』

　ベバリィ・クリアリー（作），アラン・ティーグリーン（絵），松岡享子（訳），学研教育出版

『冒険者たち――ガンバと15ひきの仲間』斎藤惇夫（作），薮内正幸（画），岩波書店

『ふたごの兄弟の物語』上・下，トンケ・ドラフト（作），西村由美（訳），岩波書店

『ハイジ』上・下，ヨハンナ・シュピリ（作），上田真而子（訳），岩波書店

大人のための読書

　ここまで子どもたちの読む力について考えてきましたが，ここでは，大人の読書を振り返ってみましょう。子どもに本を読んでほしいと願うなら，まずは自ら読みましょう。前述した読書で身につく①～④の力をまずは大人がつけるよう努めたいですね。大人が読書力を磨くのにぴったりのやり方を1つ紹介します。それは「ミニ読書会」です。

♠ ワーク10：ミニ読書会を開こう

① 3人1組になり，ミニ読書会第1回～3回（最低2回は開催しましょう）の日程を決めましょう。
　＊最初の1回目だけをまず決めておいてもよいでしょう。
② 共通の本を各自読んできましょう。
　＊「ミニ読書会おすすめ本リスト」を参照。
③ ワークシートを活用し，ミニ読書会で語れるように自分の考えをまとめましょう。
　＊漠然とした感想より，具体的な箇所について語れると話しあいが盛り上がります。
④ ミニ読書会を開催しましょう。
　＊発表のための準備会にならないように，心が動いたところをしっかり語りあいましょう。
⑤ ミニ読書会を繰り返します。
⑥ 何回かミニ読書会を繰り返したら，グループごとに異なる課題図書を選んで，読書会をしましょう。
　＊他のグループになにを伝えたいか，どこを発表すれば「読んでみたい」と思ってもらえるか考えながら，まとめてみましょう。
⑦ グループ間で発表しましょう。
　＊他のグループの発表で，「読んでみたい」と思えるものがあれば，ぜひ手に取って，読んでみましょう。同じ本について語れる仲間を増やすと，楽しいです。

※ミニ読書会の様子については，「読みを深めるための学生指導――読書会方式の効果について」（梶谷恵子・片平朋世『ノートルダム清心女子大学紀要』第38巻第1号（通巻59号）2014）を参照ください。

ミニ読書会おすすめ本リスト

《子どもの頃の感じ方を思い出そう》

『エーミルはいたずらっ子』アストリッド・リンドグレーン（作），石井登志子（訳），岩波書店

『丘はうたう』M・ディヤング（作），M・センダック（訳），脇明子（訳），福音館書店

『大きな森の小さな家』L・I・ワイルダー（作），G・ウィリアムズ（画），恩地三保子（訳），福音館書店

《今の自分と重ねあわせて，仲間と思いを伝えあおう》

『海の島──ステフィとネッリの物語』アニカ・トール（作），菱木晃子（訳），新宿書房

『鬼の橋』伊藤遊，福音館書店

『太陽の戦士』ローズマリ・サトクリフ（作），猪熊葉子（訳），岩波書店

『クレスカ15歳　冬の終りに』M・ムシェロヴィチ（作），田村和子（訳），岩波書店

　＊ミニ読書会で盛り上がる本の１つが『クレスカ15歳　冬の終りに』です。ポーランドが舞台で，名前はややこしいカタカナばかりです。また，詳しい説明より先に物語が動き出すので，最初は情報処理にてこずり，読みにくいと投げ出してしまう人もいます。しかし，ミニ読書会でわからなかったことを共有したり，先に読んだ人が「ここまで読めばおもしろくなるよ」と励ましたりして，みんなで読むうちに理解が深まった例もあります。読み込むと，10代ならではの主人公たちの恋愛事情に共感し，思わず熱く語りあいたくなります。「最初は読みにくいけど，実はおもしろい」物語には，ミニ読書会の効果が絶大です。

《動物が主人公だけど，人生について仲間と考えるきっかけに》

『バンビ──森の、ある一生の物語』フェーリクス・ザルテン（作），上田真而子（訳），岩波書店

『冒険者たち──ガンバと15ひきの仲間』斎藤惇夫（作），薮内正幸（画），岩波書店

　＊ここでは上・下に分かれているものはとりあげていません。慣れてきたら，ブックガイド（p.96）に載っているものを中心に，いろいろチャレンジしてみましょう。

== ワーク10：ミニ読書会を開こう ==

読書会ワークシート

書誌事項： (書名，著者， 出版社，発行年)	メンバー：

○読書会の記録　★有意義な読書会のために，自分の意見をまとめておきましょう！

序　　盤	
好きな登場人物について	
好きな場面について	
心に残ったセリフについて	
わからなかったこと→解決したこと 　　　　　　　　→未解決のもの	
盛り上がった内容	

中　　盤	
前回の話しあいを受けて（　　　　　　　　　　　　　　　　）について話そう！！	
いろいろ出た意見	
疑問に思ったこと	

まとめ　他のグループの人たちにわたしたちの読書会で発見したことをどんなふうに伝える？

まずは簡単なあらすじを伝える	
自分たちの中心テーマはこれ	
話しあいの内容を整理すると	
読書会の成果をひとことで言うと	

◆ さらに深く考えてみよう　ライトノベルと物語のパターン

　今，小中高生たちが夢中になって読んでいるもの。それが「ライトノベル」といわれるジャンルの小説です。たとえば，ハリウッドで映画化された"All You Need Is Kill"の桜坂洋による原作小説は2004年に集英社のスーパーダッシュ文庫より刊行されていますが，これはライトノベルに分類されています。ライトノベルとはなにかを定義するのは難しいですが，一般的には特定文庫レーベル（「スーパーダッシュ文庫」や「角川スニーカー文庫」など）を指すものといわれています。ほとんどの作品で，表紙や挿絵にアニメやマンガのようなイラストが使われているのが特徴です。

　ライトノベルを読んでいると，どこかで見たことのあるような設定だったり，ほかの作品と似た展開のものが少なくありません。"All You Need Is Kill"の主人公は，死んだらある時点まで時間が戻り，そこからまた生き直さなければなりません。このような物語は「ループもの」と呼ばれ，ＳＦの世界でよく見られる設定の１つです。

　ウラジミール・プロップという民話学者は，ロシアのたくさんの魔法昔話を研究して，1928年に『昔話の形態学』を出版しました。その中で，昔話の「機能」（登場人物の行為）を次の31に分類しました。

　1　留守，2　禁止，3　違反，4　探り出し，5　情報漏洩，6　謀略，7　幇助，8　加害・欠如，9　仲介，つなぎの段階，10　対抗開始，11　出立，12　贈与者の第一機能，13　主人公の反応，14　呪具の贈与・獲得，15　二つの国の空間移動，16　闘い，17　標（しるし）づけ，18　勝利，19　不幸・欠如の解消，20　帰還，21　追跡，22　救助，23　気付かれざる到着，24　不当な要求，25　難題，26　解決，27　発見・認知，28　正体露見，29　変身，30　処罰，31　結婚

これらの機能は順番に沿って展開されます。もちろん，31の機能がすべて必ず入っているわけではなく，省略されたり，繰り返されたりもします。

　見てすぐわかるように，この分類はロシアの魔法昔話だけでなく，古今東西の多くの物語（小説はもちろん，映画やゲームも含みます）に適用できそうです。たとえば，"All You Need Is Kill"の場合，謎のエイリアンが人類を攻めてきたため（8），主人公は戦場に送り出されます（9）。ところが主人公は即座に殺されてしまい（13），同時に彼は元の時間に戻ります（9）。ループの経験

を生かして主人公は，道具や仲間を手に入れ（14），最終的には「ギタイ」に勝利します（18）。その結果，主人公は生き延びることができました（19）。また，本書48〜49ページの「ヒーローへの憧れ」というコラムで，高校生がよく書く小説のパターンについて触れましたが，それもプロップのいう機能でパターン化できます。「主人公は誰からも理解されないで困っている」が8，「転校生がやってくる」が12，「主人公は孤独を解消し，生きる気力を得る」が19，というわけです。

　上の31の機能をより絞って物語をパターン化したのが，アメリカ先住民の伝承を研究したアラン・ダンダス『民話の構造』です。ダンダスは，プロップが「機能」と呼んだものを「モチーフ素」と呼び，北アメリカの民話を成り立たせている2〜6個のモチーフ素を抽出します。ここでは，4個のパターンの1つを挙げてみます。

　1　欠乏（なにかがない状態である），2　課題または試練（課題や試練が提　示される），3　課題の達成（課題や試練を成し遂げる），4　欠乏の解消（なにかがない状態が解消される）。

　いちいち例を挙げませんが，テレビ番組，マンガ，ゲームの多くはこのパターンに当てはまることがわかりますね。ライトノベルもしかりです。このような観点からライトノベルを分析してみると，いったいなにが小中高生たちをひきつけているのか，その正体が見えてくるかもしれません。

　ただし，注意しなければならないのは，このパターンに当てはまらない可能性も十分にありえるということ。パターンに当てはめると，人は安心します。たとえば，わたしたちはなにを考えているかわからないクラスメイトがいる時，「不思議ちゃん」と名づけて納得します。しかし，「不思議ちゃん」にもいろいろなタイプがあり，一様ではありません。その一様でないところにこそ，その人の個性やオリジナリティがあるのです。ライトノベルだって，すべてがこのパターン通りに書かれているとは限りません。あるいは，このパターンからあえて逸脱したところに，新しい表現があるともいえます。パターン化は世界の仕組みをよりよく理解するのに有効ですが，その弊害もあります。パターン化することの罠にはくれぐれも気をつけましょう。

　みなさんの好きなライトノベルの物語展開の機能やパターンを分析し，なにが読者をひきつけているのか，考えてみるのも楽しいでしょう。

　＊第9章ブックガイド3，4（p.109）参照。

◎ ブックガイド

1. 『読む力は生きる力』脇明子，岩波書店，2005
   「子どもが本を読むことは大切だ」とだれもが口にしますが，その理由を答えられるでしょうか？　なぜ読むことが今必要なのか，その問題に真っ向から取り組んだ数少ない本の１冊です。文字を読むことと本を読むこととの違いや，読書力とはなにかなど，具体例を挙げながら丁寧に解説しています。子どもにどんなふうに育ってほしいかを考えながら本を手渡す大人でありたいものです。

2. 『読む力が未来をひらく――小学生への読書支援』脇明子，岩波書店，2014
   子どもたちの「生きる力」を育てる必要性が叫ばれて久しいですが，そのための理論と実践を両面から語った本です。絵本は読んでいたけど，そこから読み物へ繋がらないという現実に，学校の教師や地域のボランティアがどのように立ち向かっているか，実践が力強く綴られています。納得と満足の得られる物語をどう子どもたちに手渡すか，巻末には「説明＋一部朗読」で本を紹介するやり方も載っており，現場で即実践可能です。

3. 『児童文学論』
   リリアン・スミス（著），石井桃子・瀬田貞二・渡辺茂男（訳），岩波書店，1964
   児童文学や絵本を学ぶ人の必読書といえる古典中の古典です。児童文学の問題，子どもの姿は時代が変わっても，共通する部分が多くあります。どのようなものがこれから育っていく子どもにふさわしいのか，考える際の指針となります。例に挙がっている本はどれも古いものばかりですが，今もなお読み継がれています。まさに「古きを知り新しきを知る」ことになるでしょう。興味のある章から開いてみる，とりあげられている本を手に取って読んでみる等，少しずつ踏み出してみましょう。

4. 『子どもと本の世界に生きて――児童図書館員のあゆんだ道』
   アイリーン・コルウェル（著），石井桃子（訳），こぐま社，1994
   児童図書館員として，子どもと本のかけはしとなった著者が，自らの体験をもとに「本の中にある喜びと美しさ」を伝えることの大切さを綴っています。人を中心に，図書館を作っていく様は，本を手渡す姿勢にも現れています。子どもとのやりとり等，児童図書館員をめざす人でなくても参考になります。

5. 『本・子ども・絵本』中川李枝子，大和書房，2013
   表紙を見ると『ぐりとぐら』だ！とお気づきになるでしょう。絵本や童話を多く書いている著者は，保育園に勤務していたことがあります。子どもたちと一緒に絵本やおはなしを楽しみ，その中で気づいたことや感じたことが親しみやすい

文章で書かれています。また，本のことだけでなく，子どもってどういうものか理解するのにももってこいの入門書です。「子どもと一緒の生活を楽しみたい」という思いにこたえてくれます。

> **まとめ**
>
> 　人とのかかわりを含む実体験の機会が減った現代社会だからこそ，読書を見直す必要があります。ただ知識を得るためだけではない，読書で身につく生きる力について理解し，自分自身が実感するために「ミニ読書会」を提案しました。「なぜ本を読むのか」という根本的な問題を考え，必要性を実感してもらうことがねらいでした。

学びメモ

COLUMN

なんどでも，なんどでも

　若いカップルが書店の本棚から1冊の絵本を取り出して，楽しそうにページをめくっていました。男性は，今どきの男の子っぽく，髪はカラフルに輝き，片方の耳にだけピアスの細いチェーンが光っています。

　「これこれ，このキツネさぁ，ほんといいかげんな悪いやつなんだよね。こいつちゃっかり人間に化けちゃってさ，おかみさんたちが苦労して手に入れた食料もばくばく食っちゃうし，お嫁さんの衣装も勝手に着ちゃって，汚れてもう使いもんにならねぇだろうって……おれ，まじでこのキツネに頭にきたんだよな」

　男性が早口に夢中で喋る様子を彼女はふぅ～んと言いながら愛おしそうに見つめています。

　彼が手に取っていたのは『キツネのホイティ』（シビル・ウェッタシンハ（作），まつおかきょうこ（訳），福音館書店）でした。

　「おれんとこ，かあちゃんが保育士だったから絵本だけはいっぱい家にあってさ。で，おれは，この絵本を開くたびに，今度こそこのキツネいいやつになってんじゃねぇのか，今度こそ，失敗に懲りて悪さをしないんじゃねぇのかって，どきどきしてたんだよな」

　「え～，なんか，かわいい」と彼女。

　「ガキだったからさぁ，マジで毎回どんな話になるのか，期待してたんだよなぁ。でも結局こいつは，悪いまんま。毎回ウソこいて，バレて，痛い目に遭って，でも懲りなくて……」

　「ふふふっ，そういうとこ，あんたとおんなじね」

　2人の会話を聴きながら，改めて絵本世界で頑なに守られていること，そこをこじ開けようとする読者の緊張感が，毎回の〈読み〉を新しくしているのだと気づかされました。

　絵本の扉はそのことを引き受けて，今日も開かれる瞬間を待っています。

読みあい本リスト 100 冊

『うんこ日記』村中季衣（作），川端誠（絵），BL 出版
『おじいちゃんのおじいちゃんのおじいちゃんのおじいちゃん』
　　長谷川義史（作・絵），BL 出版
『キツネ』マーガレット・ワイルド（作），ロン・ブルックス（絵），寺岡襄（訳）BL 出版
『やまねのネンネ』どいかや（作・絵），BL 出版
『いつもちこくのおとこのこ──ジョン・パトリック・ノーマン・マクヘネシー』
　　ジョン・バーニンガム（作・絵），たにかわしゅんたろう（訳），あかね書房
『ベンのトランペット』R・イザドラ（作・絵），谷川俊太郎（訳），あかね書房
『ねんね』さえぐさひろこ（作・絵），アリス館
『おかあさんのパンツ』山岡ひかる（作），絵本館
『ぶたのたね』佐々木マキ（作），絵本館
『あーちゃんのおにいちゃん』ねじめ正一（作），長野ヒデ子（絵），偕成社
『あたしもびょうきになりたいな！』
　　ブランデンベルク夫妻（作・絵），福本友美子（訳），偕成社
『だいすきなもの』公文健太郎（写真），偕成社
『とべ　バッタ』田島征三（作・絵），偕成社
『まっくろネリノ』ヘルガ＝ガルラー（作・絵），矢川澄子（訳），偕成社
『ゆきのひ』エズラ・ジャック・キーツ（作・絵），木島始（訳），偕成社
『わにさんどきっ　はいしゃさんどきっ』五味太郎（作・絵），偕成社
『親子──いくつになっても、どこにいても。』田淵章三（写真），架空社
『それ行け!!珍バイク』ハンス・ケンプ（著），グラフィック社
『とんとんとんと』五味太郎（作・絵），クレヨンハウス
『じぶんだけの　いろ』レオ・レオニ（作・絵），谷川俊太郎（訳），好学社
『アフリカの音』沢田としき（作・絵），講談社
『ぼくのくれよん』長新太（作・絵），講談社
『かお　かお　どんなかお』柳原良平（作），こぐま社
『どうぶつにふくをきせてはいけません』
　　ジュディ・バレット（作），ロン・バレット（絵），ふしみみさを（訳），朔北社
『きつねのおきゃくさま』あまんきみこ（作），二俣英五郎（絵），サンリード
『そんなことって、ある？』奥田継夫（作），西村繁男（絵），サンリード
『象虫──小檜山賢二写真集』小檜山賢二（写真），出版芸術社
『いきものアート6　兜虫』内山りゅう（著），ジュリアン
『[新世界]透明標本』冨田伊織（作），小学館
『しゃしんであそぼ(3)　しりとりあそび　ちゃいろ』星川ひろ子・星川治雄（作・絵），小学館
『たまごやきくん』村上康成（作），小学館
『うしはどこでも「モー！」』エレン・スラスキー ワインスティーン（作），
　　ケネス・アンダーソン（絵），桂かい枝（訳），鈴木出版
『わたしゃ　ほんとに　うんがいい』せなけいこ（作・絵），鈴木出版

『ゴムあたまポンたろう』長新太（作・絵），童心社
『ひ　ぼうぼう』新井洋行（作），童心社
『ぼくのこえがきこえますか』田島征三（作），童心社
『やまからにげてきた　ゴミをぽいぽい』田島征三（作・絵），童心社
『干物のある風景——新野大写真集』新野大（著），東方出版
『まっててね』
　　シャーロット・ゾロトウ（作），エリック・ブレグヴァド（絵），みらいなな（訳），童話屋
『おにいちゃんがいるからね』
　　ウルフ・ニルソン（作），エヴァ・エリクソン（絵），ひしきあきらこ（訳），徳間書店
『いちはかたつむり，じゅうはかに』エイプリル・P・セイヤー／ジェフ・セイヤー（作），
　　ランディ・セシル（絵），久山太市（訳），評論社
『きゃあああああああ　クモだ！』
　　リディア・モンクス（作），まつかわまゆみ（訳），評論社
『歯いしゃのチュー先生』ウィリアム・スタイグ（作・絵），内海まお（訳），評論社
『こしぬけウィリー』アンソニー・ブラウン（作），久山太市（訳），評論社
『きつねのテスト』小沢正（作），片山健（絵），ビリケン出版
『ブタとおっちゃん』山地としてる（著），フォイル
『あ』大槻あかね（作・絵），　福音館書店
『あたごの浦』大道あや（絵），脇和子（再話），福音館書店
『あな』谷川俊太郎（作），和田誠（絵），福音館書店
『いろ　いきてる！』谷川俊太郎（作），元永定正（絵），福音館書店
『おかえし』村山桂子（作），織茂恭子（絵），福音館書店
『おにぎり』平山英三（作），平山和子（絵），福音館書店
『カニツンツン』金関寿夫（作），元永定正（絵），福音館書店
『木』木島始（作），佐藤忠良（絵），福音館書店
『きつねにょうぼう』長谷川摂子（再話），片山健（絵），福音館書店
『きゅうりさん　あぶないよ』スズキコージ（作・絵），福音館書店
『こすずめのぼうけん』
　　ルース・エインズワース（作），堀内誠一（絵），石井桃子（訳），福音館書店
『こっぷ』谷川俊太郎（作），今村昌昭（写真），福音館書店
『ごろごろ　にゃーん』長新太（作・絵），福音館書店
『ジャリおじさん』おおたけしんろう（作・絵），福音館書店
『せんたくかあちゃん』さとうわきこ（作・絵），福音館書店
『タンゲくん』片山健（作・絵），福音館書店
『ちいさな き』神沢利子（作），高森登志夫（絵），福音館書店
『ちいさなねこ』石井桃子（作），横内襄（絵），福音館書店
『てんてんてん』わかやましずこ（作・絵），福音館書店
『とき』谷川俊太郎（作），太田大八（絵），福音館書店
『はぐ』佐々木マキ（作），福音館書店
『バルバルさん』乾栄里子（作），西村敏雄（絵），福音館書店

『ふしぎなナイフ』中村牧江・林健造（作），福田隆義（絵），福音館書店
『ぶたぶたくんのおかいもの』土方久功（作・絵），福音館書店
『ぼくのおじいちゃんのかお』天野祐吉（作），沼田早苗（写真），福音館書店
『ボタ山であそんだころ』石川えりこ（作），福音館書店
『みんなうんち』五味太郎（作・絵），福音館書店
『みんなのかお』とだきょうこ（作），さとうあきら（写真），福音館書店
『やこうれっしゃ』西村繁男（作・絵），福音館書店
『やっぱりおおかみ』ささきまき（作・絵），福音館書店
『ゆかいなかえる』ジュリエット・キープス（作・絵），石井桃子（訳），福音館書店
『ゆうびんやさんのホネホネさん』にしむらあつこ（作・絵），福音館書店
『わにわにのごちそう』小風さち（文），山口マオ（絵），福音館書店
『だれがだれやらわかりません』高谷まちこ（作・絵），フレーベル館
『やさしいライオン』やなせたかし（作・絵），フレーベル館
『いわしくん』菅原たくや（作・絵），文化出版局
『がいこつさん』五味太郎（作・絵），文化出版局
『りんごです』川端誠（作・絵），文化出版局
『かさ』太田大八（作・絵），文研出版
『うそつきのつき』内田麟太郎（作），荒井良二（絵），文溪堂
『あしたは月よう日』長谷川集平（作・絵），文研出版
『かしこいビル』ウィリアム・ニコルソン（作），ウィリアム・ニコルソン（絵），
　松岡享子・吉田新一（訳），ペンギン社
『世界中のこどもたちが』新沢としひこ（作），篠木眞（写真），ポプラ社
『とうちゃんなんかべーだ！』伊藤秀男（作・絵），ポプラ社
『なんのぎょうれつ？』オームラトモコ（作・絵），ポプラ社
『あかがいちばん』キャシー・スティンスン（作），ロビン・ベアード・ルイス（絵），
　ふしみみさを（訳），ほるぷ出版
『ガンピーさんのふなあそび』
　ジョン・バーニンガム（作・絵），光吉夏弥（訳），ほるぷ出版
『ごちゃまぜカメレオン』エリック・カール（作・絵），やぎたよしこ（訳），ほるぷ出版
『たねのはなし』
　ダイアナ・アストン（作），シルビア・ロング（絵），千葉茂樹（訳），ほるぷ出版
『みんなぼうしをかぶってた』ウィリアム・スタイグ（作・絵），木坂涼（訳），らんか社
『ゆうかんなアイリーン』ウィリアム・スタイグ（作・絵），おがわえつこ（訳），らんか社
『じいちゃんさま』梅佳代（著），リトル・モア
『男子』梅佳代（著），リトル・モア
『学校って、ええもんやでぇ』武田光司（著），木耳社

第9章 ことば・声・いのち

声の力，語りの力を感じてみよう

　あなたは，自分の声が好きですか？「え，自分の声？　恥ずかしいわ，好きなわけないでしょ……」と言う人が多いかもしれませんね。でも，あなたの子ども時代を思い出した時，子守唄を歌ってくれたり，「おや，おかえり」と笑いかけてくれたおばあちゃんやおかあさんの声を思い出した時，なんともいえぬ懐かしい気持ちになるでしょう。それは，その声があなたに注がれるいとおしさの表れだったからです。

　絵本や紙芝居を読んでもらうのが大好きだったのも，ストーリーのおもしろさだけでなく，読んでくれる先生やおかあさん，おとうさんが，あなたを大きな意味での生きている仲間として認め，一緒にこの作品を楽しもうとする思いを，その声から受け取っていたからではないでしょうか？　子どもたちが大きくなっていく道筋で，大人の本気で世界を愛する声，本気で自分を愛してくれる声に出会うことは，生きることへの信頼を育てます。そうやってあなたも育てられ，今こうして次の世代に手渡す，あなただけの声・ことば・いのちを抱えているのです。自分の声が好きなわけない，とは言っていられないでしょう。

　この章では，いのちの通った身体性のある声とことばによって，園や家庭や地域で育てられることの意味を，わらべうたや，昔話，絵本の読み聞かせ，日常的な会話の中で考えていきましょう。

♠ ワーク11：あなたの声が届きました！

① 　2人組になりましょう。
② 　相手の肩に手が届く距離で向かいあい，ジャンケンをしてください。
③ 　勝った人が負けた人の名前を呼びます。
　＊あっちを向いたりこっちを向いたり，さまざまな方向へ向けて呼んでください。そして，一度だけ，心を込めて，相手の胸の真ん中にしっかり届くように呼ん

でください。
④ 負けた人は、目を閉じてその1つ1つの声を聴きながら、自分の心の真ん中に声が届いた瞬間に手を挙げてください。
⑤ 次に役割を交替して同じようにやってみましょう。

　自分の声がまっすぐに相手に届き手が挙がるのを見た瞬間の気持ちを書いておきましょう。また、相手の声がまっすぐに胸に届いたことを感じた瞬間の気持ちも書いておきましょう。

声が届いた瞬間の気持ち

　このワークをやってみて、いかに日頃ぞんざいに声の受け渡しをしていたかに気づいたでしょうか？
　親や先生が「どうして○○ちゃんには、おかあさん（先生）の言うことがわからないの？」などと子どもを責めたてる時、本当に子どもに自分のまっすぐな声を届ける努力をしているか、見つめ直してみることも大切ですね。

第9章 ● ことば・声・いのち

♣ 討論　子どもに届くことば

　子どもたちと一緒にいる時，保育者はあまり年齢差を気にせず，ひとりの人間として話していることがほとんどです。ところがときどき，普通に話しているのに全く意味が通じず「先生，なに言ってるの？」とでもいうような顔で見られることがあります。そんな時，「あれ？　通じていないのかな？」とハッとします。

　子どもたちとの共通のことばとはどのようなものでしょうか？

　あなたにも幼い頃，誰かの生の声で歌ってもらった忘れられない子守唄や，記憶に残っている声があるでしょう。それを思い出し，実際に小グループの中で歌ったり語ったりしながら，伝えあってみましょう。

* もし，祖父母と一緒に暮らしていなかったり，両親が共働きで地域の行事も少なかったので，そういう忘れられない歌やことばはないなぁ，という人がいたら，わらべうたやことば遊びの本に載っている楽譜付きの歌やことば遊びを声に出してまねしてみましょう。ひょっとしたら，自分の声の中に（あぁ，思い出した！）というような懐かしい風景が呼び出されるかもしれません。

　あるいは，グループの人たちの歌やことばを聴いているうちにふいによみがえってくる感情や，初めて出会う歌や遊びでも，妙に心を揺さぶられたり，くすぐられたりするものがあるかもしれません。その心の揺れこそが，子どもたちにも味わってもらいたいものなのです。

　記憶や体験があってもなくても，きっと子どもたちに届けることのできるなにかを発見することができるはずです。

```
記憶に残っている声メモ
```

◆ さらに深く考えてみよう

残したい声，ことば

　人間の赤ちゃんは，自分を愛する者の声を胎児の時から聞き分けることができるといいます。最近の脳科学では赤ちゃんの脳（心）がどのように発達し，感情が育っていくのか，かなり解明されてきました。しかし，研究成果を待つまでもなく，わたしたちは，何百年も前から子育ての経験の中で，赤ちゃんは声を聞き分けること，子どもたちは自分にとって気持ちのいい声，ことば，リズム，メロディーの中で，心豊かに育つことを知っていました。そこから生まれたのが子守唄であり，わらべうた，遊び歌，まじないことば，昔話等でしょう。

　たとえば，出席シールを貼る時に「さあ，シールを貼りましょう」と指示するのではなくて，「ペタペタペータペッタンコ」と片手でたたいてみせる。力をこめる時には「ギュッギュッギュー」と，両手を重ねて音としぐさを一緒にすれば，もう説明はいりません。

　「みんな，集まって並んでね」と言う時，たとえば，保育者が見えないお集まり列車のレールを用意する気持ちになれば，「こっちだよ。こっちだよ。シュッシュポッポ，シュッポッポー」と，自然に歌い出してしまいます。こんな時はなんの歌を歌えばいいのかしら？　と歌の本から探すのではなく，子どもと呼吸を合わせることで自然に歌が生まれリズムがはじけます。

　おかあさんが赤ちゃんを寝かす時の子守唄などは，それぞれの家庭によっても，その日のおかあさんと赤ちゃんの状況によっても，みんな違います。優しく，とんとんしながら歌う場合もあれば，早く寝てほしいと思いながら，「ねんねんねんねんねんねんよ～」と歌う場合もあるでしょう。そのどれもが，目の前にいる子どもに向けてのまなざしであり，愛情です。その声は子どもの心にまっすぐ届く声なのでしょう。

　保育園で，お昼寝の時に眠れなくてぐずぐずしていた子の頭をそっとなでて「ねんねんよ～ねんねんよ～」と歌ってあげると，気持ちよさそうに眠る子がほとんどです。それは，その歌の上手さや歌詞の適切さではなく，なでてもらう気持ちよさとなでてあげる気持ちよさが溶けあい，ねんねんよ～という甘やかな音の連なりに，歌う方も歌ってもらう方も，うっとり浸ることができるからでしょう。

　しかし現在，近代化の中でこのような伝承文化は失われつつあり，泣いてい

る赤ちゃんをあやすことばやことばかけのタイミングさえわからずに，おかあさんがオロオロしてしまったり，本屋に駆け込んだり，ネットで方法を探ったりという姿を見かけます。

　マニュアルではなく，赤ちゃんや子どもを前にしたら思わず口をついて出るあやしことばが，昔自分が幼い頃になんとなくおばあちゃんや地域の大人たちから身体を通してもらい受けていたことばだったことに気がついたというようなことはないですか？　そこには，ことばにのせたあなたを愛する人たちの「声の記憶」があるのではないですか？　小さい頃の記憶をたぐりよせ，そこにある「表情をもった声」と再会することは，あなたは決してひとりではなかった，生命のバトンをもらい受けているんだと実感できるはずです。受け取ったバトンはやはり次世代に渡さなければなりません。幼い人たちに渡していく声・ことばをあなたらしさを失わずに伝えていくために，どんな努力が必要か，どんな勉強をしていきたいか，何を身につけたいか，具体的に考えてみてください。

沖縄に伝わる昔話

　沖縄にはだれかが，くしゃみをすると，そばにいる人が「くすくぇー」,「くすくぇーひゃー」と言う風習があります。大人のほとんどが今でも言うし，言われた経験を持っています。言われたことのある小学生もたくさんいるはずです。けれど，言われたことがある人のほとんどがその由来，意味を知りません。筆者は大学時代から民話調査を続けていますが，そこで出会った昔話の中に，聴き慣れた「くすくぇー」,「くすくぇーひゃー」ということばに込められた先人の思いを見つけました。その昔話を，聞き書き通りにここに記しますので，沖縄以外の地域の人には耳慣れないことばの響きもあるでしょうが，ぜひ声に出して読んでみてください。

　　昔んかし，ある所（とぅくる）んかい，何ん不足（ふすく）ん無ん金持ち（みーとぅんだ）の夫婦がうたん。けれども，夫婦には子どもが無かった。主人は，子どもが欲しくて，嫡子（ねーし），男の子が欲しくて，いっぺー待ちかんてぃー（とても）していた。何年もまってやっと男の子が生まれた。
　　「満産やまぎすーじ（大きなお祝い）しないとなー。まぎすーじには三味線弾き（さんしんひちゃー）が必要やさ」と言って隣村に三味線弾きを頼みにいくことにした。隣村に向かって歩いていると，道に背を向けて立っている女がいる。沖縄（うちなー）では，このように道に背を向けている人に声（くぃー）をかけてはいけないといわれている。けれども，主人は

うっさーくゎたーして（喜び，浮かれて）歩いていたから，つい「へい，ねえさん」と声をかけてしまった。「何やいびーが（なんですか）」と女が返事したから，嬉しくなって，「実よー，待ちかんてぃーそーたる男の子ができたので，祝いぬ三味線弾き頼みに行くところだ」と言うと，女が「あんえいびーらー私にん上手えいびーんどー（それなら私も上手ですよ）」と言ったので「それなら，あんたに頼むがやー」と言って，この女を家につれて行った。

　夕方になって，祝いの招待客たちも揃ったので女が三味線を弾き歌いだした。あまりの賑やかさに招待されてない村中の人達が屋敷の周りに集まって来た。ひとりの男が，「今日ぬ三味線弾きや女やんでぃんどー，顔見ちんーだ」と言って屋敷の中に入って，壁の節穴から中をのぞいた。「あいえーなー，でーじなとーん」。見えたのは，鼻ごーごー目ごーごー骸骨。鼻も孔があき目も孔があいた骸骨。骸骨が三味線持って変な歌を歌っている。男は，中に居る主人を呼んで節穴から見せた。「でーじなとーん。私ねーやなむんまじむん家かい連てぃ来さやー」と言って，主人は中に戻り女に，「ありがとうねー，おかげでお祝いも楽しくできたさー。もう遅いから，月があるうちにあんたも帰りなさい私が送って行こう」と言って，女を外に連れ出した。村はずれに来た時女が，「ゆたさいびーんどー，ここからはひとりで行けますので」と言うので，主人は帰るふりをしてから，女の後をこっそりつけて行った。

　女は山の方に行き，お墓のある所で見えなくなった。主人が墓に近づくと声がする。「お前は誰の許しを得て，外（現世）を出歩いているのか，後生に来たばかりの新参もののくせに」閻魔王が女を怒鳴っている。女が「お許しください，人間の所へ行って赤ん坊の満産祝いをしてきました」と言うと，「許すわけにはいかん。罰を与えないとならん」「あの赤ん坊の魂を取ってきますのでお許しください」「お前どの様にして赤ん坊の魂取るつもりか」「赤ん坊にくしゃみをさせて，その時，魂を掴んで取ってきます」「ふりむん，人間や知恵持（じんぶんむ）ちだよ。お前がくしゃみをさせても，その時，側にいる人が『くすくぇー（糞食らえ）』と言ったらお前は魂を取れないよ」と閻魔王が言った。

　それを聞いた主人は大急ぎで家へ戻り，赤ん坊がくしゃみをすると，すぐ「くすくぇー」「くすくぇー」と言った。そして，家中の人にそのことばを言わせたので赤ん坊は無事大きくなったそうです。

　このことがあってから，沖縄では，赤ん坊でも大人でもくしゃみをするとその人の魂が取られないように，側にいる人が『くすくぇー』と言うようになったそ

うです。とー，うっさ。

　どうでしたか？　生まれたばかりの子の魂（まぶい）を大切に守りながら，一方で邪なものの排除の仕方にも情けがありますね。おはなしの中身だけでなくそういう土地の優しさや繋がりが，生の声を通して伝えられているのです。
　日本各地で昔話の伝承の場が減少し，語り手が途絶えようとしていますが，沖縄も例外ではありません。沖縄の場合，しまくとぅば（島ことば，方言）は共通語とかなり異なり消滅の危機にあります。それでも，ここでとりあげている「くすくぇー」というようなことばと行為は，現在でもちゃんと残っていて，子どもたちもそれを日常の中で受け継いでいます。それは，なぜでしょう。
　「はっくしょん」とくしゃみをすると即座に誰かが「くすくぇー」と言うかけあいリズムのよさもありますが，それだけではありません。この話を実際に子どもや若者たちに語る時，強く感じることですが，沖縄の人たちの死生観や，人の魂（まぶい）に向けるまなざしが，昔話が生きていた時代も今も，それほど大きく変わっていないのです。彼らは，後生に居る自分のうやふぁーふじ（御先祖）の存在をとても身近に感じているし，まぶいがときどき，落っこちたり，からだを抜けたりすることにそれほど違和感をもたない。こういう土壌があって，語り手たちの「声に託す思い」が脈々とおはなしを通して伝わっていくのだと思います。これこそが「声の文化」の根っこにあるものでしょう。
　この昔話を聴いた子どもたちは，ごく自然に納得し，「そうかぁ〜やっぱり『くすくぇー』は言わんといけないねー」とつぶやきます。くしゃみをして「くすくぇ〜」と言われた4歳の男の子が，そのすぐあとで，祖母からこの昔話を聴きました。すると，「ばーば，ありがと。さっき，僕のまぶい守るために『くすくぇー』って言ったんだね」とうなずいたそうです。
　みなさんも，「昔話」「わらべうた」「あやしことば」などを，児童文化の断片技術としてばらばらに覚えて保育現場に持ち込むのでなく，それを自分の声を通して次の世代に伝えるとはどういうことかを考え続けてください。自分への問いが深ければ深いほど，あなたの声は「文化を伝える道」を拓きます。
　ここでは沖縄の昔話と慣習の関係を例に挙げましたが，みなさんが住んでいるそれぞれの地域をもう一度見つめ直し，地域で守り育てられている〈声の文化〉を再認識してほしいと思います。

◎ ブックガイド

1. 『臨床とことば——心理学と哲学のあわいに探る臨床の知』
　　河合隼雄・鷲田清一，ティービーエス・ブリタニカ，2003
　　聴くことと語ることの間でどんなゆらぎや自己と他者の受け入れ直しが起きているのかを，2人の臨床家が解き明かします。「声」について意識的に捉えていくための必読書。

2. 『ことば遊び，五十の授業——子どものことばは遊びがいのち』
　　鈴木清隆，太郎次郎社，1984
　　学校教育の中ではあまり根づいていないことば遊びですが，生き生きとした日本語の力を味わいながら子どもと過ごす具体的な例がたくさん紹介されています。そのテクニックとともにことばで遊ぶことで開かれていく内面世界にも着目することになるでしょう。

3. 『昔話の形態学』
　　ウラジミール・プロップ（著），北岡誠司・福田美智代（訳），水声社，1986
　　昔話研究者である著者は，ロシアの魔法昔話を構造分析し，いずれも31の分類に当てはまることを発見しました。古典ですが，昔話の成り立ちを知るために役立ちます。

4. 『民話の構造——アメリカ・インディアンの民話の形態論』
　　アラン・ダンダス（著），池上嘉彦他（訳），大修館書店，1980
　　プロップの研究成果をさらに発展させ，ロシアの民話だけでなく，アメリカ・インディアンの民話にも，もっとシンプルにした8つの項目での分類が可能なことを示しています。こうした分類の骨格を眺めていると，昔話がわたしたちの生きるありさまをそのまま映し出していることがわかってきます。

5. 『歌遊び百科——170曲の歌遊び，30曲の伝承歌遊びを図解』
　　一木昭男・石川正夫・島田実恵子（編），学習研究社，1997
　　現場で実際に子どもたちが楽しんでいる歌遊びを，対象や人数，遊び方等の解説と楽譜を付けて紹介してあります。地方に伝わる歌遊びも豊富に載っており，地域によってどんなバリエーションがあるのかもわかります。

◇ 味わってみよう

『番ねずみのヤカちゃん』
リチャード・ウィルバー（作），松岡享子（訳），大社玲子（絵），福音館書店，1992

　　ドドさんの家に棲むおかあさんねずみと4匹のねずみの兄弟たち。みんなおかあさんねずみの言うことをよく聞くかしこい子ねずみです。ただ，末っ子のヤカちゃんだけは，1つ困ったくせがあります。それは，とても声が大きいこと。でも，ヤカちゃんの大きな声のおかげで，ドドさん一家は，真夜中の難局を乗り越えることができます。さぁ，その難局とは？

作者が小学校の教室で繰り返し語り聞かせをして子どもたちに喜ばれた作品を絵本化したものです。ストーリーテリングとして創られたものですから，語り手の声をよく生かし，メリハリのあるストーリー展開ができるようになっています。途中に繰り返し出てくるおかあさんねずみの歌が，なんとも魅力的で，聴いている者の心をとらえます。「親から子へ愛することを声で伝える」魅力を味わってみましょう。

まとめ

　紙芝居，歌遊び，ペープサート，パネルシアター，ストーリーテリング……どれも，「ことば」を介して伝えていくものです。「ことば」のおもしろさや輝きの根底には，人が生き繋いできたいのちの重さがあります。その重さを受け止めた上で，軽みに押し上げたり，加工したり，あるがままに表現したり，自由であっていいと思います。でも，テクニックだけを手っ取り早く習得しようとせずに，「ことば」の力をしっかり感じ，そこからあなたの表現を見つけていってほしいです。

COLUMN

紙芝居——声の文化を守るということ

　紙芝居は演じる人と観客が向きあい，〈ぬき〉と〈語る声〉を通して作品を届ける，日本特有の児童文化財です。

　紙芝居には大きく分けて，物語完結型と観客参加型がありますが，作品が観客の前に登場し，その場で広がり，共感を生んでいくということに変わりはありません。どの作品を選び，どのように演じるか？　〈ぬき〉の効果や場面と場面，ことばとことばの間（ま）などそれぞれの作品に見合ったかたちを見極め演じる技術は当然必要ですが，演じる人の作品解釈はそれ以上に重要です。同じ作品でも演じ手の解釈によって受け止め側の心に浸みわたっていくメッセージは異なってきますし，解釈の違いは〈ぬき〉のタイミングや，声の届け方にも違いを生んでくるのです。

　『みんなでぽん！』（まついのりこ脚本・絵，童心社）という紙芝居を例に挙げて考えてみましょう。この紙芝居には，画面いっぱい描かれた3つの形が登場します。まずはまる。さっと〈ぬく〉と小人が現れます。次は四角。四角からはロボット。最後の三角からは，おばけがでてきます。このおばけは，周りにだれもいないので「ぼく　ひとりぼっちだよ。ともだちほしいよう」と泣きます。お友だちを呼ぶために観客に呼びかけ「みんなで　ぽん」と一緒に手を叩いてもらいます。すると，小人とロボットが「ぼくたち，ともだちだよ」とおばけの傍らにやってきます。それを見守る子どもたちの心ももちろん，彼らの傍らにいます。観客と演じ手が一緒になって，みんなで「ぽん」と手を叩く瞬間に世界が1つになるのです。小人が人間，ロボットは文明，おばけは過去に生きた人の魂（想像の世界）。その3つが融合する世界こそが児童文化の理想郷なのだと考える作者の思いがそこにあります。演じ手がこの紙芝居の中のさまざまな出会い（登場人物たちの出会い，登場人物と観客の出会い，演じ手である大人と観客である子どもの出会い）を「出会えば皆きょうだい」という気持ちで語った時，単なる友だちができるだけではなく，その場が共感の大きな輪を作るのです。また，この紙芝居をおはなし会の最初に演じることで，今から一緒に過ごす時間を，大人であるとか子どもであるとか，どういう立場にあるというようなことを一切抜きにして，「共に生きあうもの同士として楽しみましょうね」というメッセージを届けることにもなります。

　このように幼児向けの紙芝居作品であっても，ただわかりやすく，集団で楽しく鑑賞できることだけを目的にしていない深い意味を読み取ることが大切です。そしてその読み取りを自身の「声」に託して幼い人に届けるのです。子どもには，100のお説教じみた解説より，その願いを込めた「声」の方がしっかりと届くことを，実際に演じる中で実感しています。

筆者は，1998年沖縄市安慶田に，「くすぬち平和文化館」を夫と2人で創りました。建物の中央には，壁画家松井エイコさん作の，幸福を希求する子どもと大人の姿を象徴する壁画があります。それは，子どもの文化を基盤にして，子どもたちを受け入れること。また，子どもを見守る大人が文化に対して語りあえる場所にしたいと願ってのことです。だから，ここで，「紙芝居」や「昔話」を語り，演じることを大切にしているのです。「声の文化」を守り伝えることが，平和に繋がると信じているからです。くすぬち平和文化館を訪れてくれるひとりひとりに心を込めて，「いらっしゃい」と声をかけます。お互いに顔を見合わせ，生の声のキャッチボールを楽しんでいます。人はひとりでは生きていけません。だからこそ，子どもとの出会いを大切にし，出会ってよかったと思われるような大人でいたいものです。

くすぬち平和文化館

文化館内紙芝居ホールにて

第10章

子どもと自然・子どもと社会

子どもをとりまく自然と社会のあり方を考えよう

　子どもは，家族，学校，地域など，人間の営みとして作り上げてきた「社会」と向きあっているだけでなく，さまざまな作為を超えた大きな「自然」の中で生きる存在です。「自然」と「社会」とは一見対立しているようですが，自然と社会の両方を意識し，知恵を働かせることで，よりよい生き方を考えることができます。それこそが，「文化」です。「自然」と「社会」の間で子どもがどんな成長の道を歩むのか，大人は，どのような伴走者でありうるのかを，具体的に考えていきましょう。

子どもと自然

　まずは，子どもが「自然」とどう出会い，その出会いを，どんなふうに自分を生きることに結びつけて大きくなっていくのか，そのかかわりの様を見つめてみることにします。

♠ ワーク12：くつしたのはら

　　用意するもの：植木鉢（0.4リットル～1.8リットルくらいのもの），使い古しの化繊のくつした，スコップ（ペットボトルを斜めに切って代用しても可），はさみ

＊ワークを行う前に，絵本『くつしたのはら』（村中李衣（文），こやまこいこ（絵），日本標準，2009）を読むとよいでしょう。

① 靴の上から持参した古いくつしたを履いて，野原に散歩に出かけましょう。
② 野原に着いたら，なるべくくつしたに雑草の種が付くように歩き回ってください。

③ くつしたを持ち帰り，植木鉢に植えましょう。
　＊くつしたは，底の部分だけ切り取って入れましょう。あまり土を重くかけすぎないように。
④ 植木鉢にくつしたを植え終わったら，振り返りシートに，自分の考えをまとめましょう。

　みなさんは，日頃道を歩く時，コンクリートの割れ目から顔を出す草花や，道の両脇に生えている草に目を向けたことがありますか？　雑草とひとくくりにして呼ばれる草の生態について調べると，たくさんの発見があります。みなさんが生きていく道のりを励ましてくれているように思えたりもします。

　ワーク12は，できれば子どもたちと一緒にやってほしいワークです。子どもたちは花壇の花や花屋さんに飾られている花だけが，植物の世界の代表選手ではないことに気づくことでしょう。

　また，くつしたが種を付着させにくいものだったり，たまたま種の付いてこない場所ばかりを歩いていたり，待っても待っても植木鉢から芽が出てこない子も出てきます。振り返りシートで考えたように，そういう時の子どもを失望させない，けれど，自然のしくみをねじまげて人間の都合のいいように教え込まない対応もとても大事です。

　ちなみに1年もすれば，風や虫が他のわさわさと草の伸びた植木鉢から種を運んできて，最初は芽の出なかった植木鉢にも草の芽たちが顔を出します。こういう「不思議な感動」をきっかけに，自然界への関心を持ってもらえるようになることがこのワークのねらいでもあります。

ワーク12：くつしたのはら

くつしたのはら振り返りシート

1．靴の上からくつしたを履いて歩く道は，どんな感じでしたか？

2．「雑草ってなに？」と子どもに聞かれたら，どう答えますか？

3．野原に着いてからのあなたの行動をよく思い出して，〈わたしのくつしたの旅〉を再現してください。雑草の種を集める旅ができたかな？

4．このワークを実際に子どもたちと行ったとして，もしも，ずうっと待っても芽が出てこない植木鉢があったら，どんなふうに対処しますか？

5．今回のワークを通して気づいたこと，考えたことを自由に書いてください。

おまけの質問
　　一番最後に草の上に寝転んだのは，いつですか？

＊ワーク12　記入例

くつしたのはら振り返りシート

学籍番号　　　氏名

1、靴の上から靴下を履いて歩く道は、どんな感じでしたか？

最初は歩いている人の視線などが気になって少し恥ずかしかった。しかしいざ靴下を靴の上から履いてしまうとなぜか楽しくなって、うきうきした気分になった。小さいころに戻った感じがして友達とみんなではしゃいでしまった。

2、「雑草ってなに？」と子どもに聞かれたら、どう答えますか？

誰の力も必要とせずに自ら生きている植物だと思う。雨にうたれても、風にふかれても、靴で踏まれても、また再び芽を出す、強い生き物だと思う。

3、公園についてからのあなたの行動をよく思い出して、＜私のくつしたの旅＞を再現してください。雑草の種を集める旅ができたかな？

最初に芝一面に広がっている所に行き走り回った。しかし先生に芝は雑草ではないよと言われ、少し枯れかかった、草が茂っている所へ行き草を靴で踏み踏みした。そして、たんぽぽのわた毛が見つかったので友達と協力してなすりつけ！

3、このワークを実際に子ども達と行ったとして、もしも、ずうっと待っても芽が出てこない植木鉢があったら、どんな風に対処しますか？

芽が出ることだけが大事なんだよと教えたい。その子が芽が出るように靴下をはき、雑草の上を歩いて、何らかの種を靴下につけようとしたことがすごくて、よくがんばったねと、ほめてあげたい。

4、今回のワークを通して気づいたこと、考えたことを自由に書いてください。

今回このワークでは準備物に靴下と植木鉢がいるときいて、次の授業では一体何をするんだろうと、とても疑問に思い、次の授業がとてもわくわくしていました。今の子どもたちはスマートフォンやPCでのゲームなど、家の中ですごすことが多いと思うが、このような自然と触れ合うことができる活動を与えてやることが、これからの子どもの教育の場に求められることだと思う。

おまけの質問

いちばん最後に草の上に寝転んだのは、いつですか？

小学校6年の時の遠足

「くつしたのはら」のワークから3か月後の学生の感想文

Sさん
　成長したくつしたのはらを見て，とてもうれしかった。くつしたに種をつけて植えただけなのに，たくさんの雑草が生えていた。生命の強さを感じた。私のくつしたのはらには，サルトリイバラと思われる雑草が生えていた。まじまじと観察したとき，童心に返った心地がした。観察してみると，雑草の他に虫がたくさんいることに気づいた。触る勇気はなかったが，この虫もなにかの幼虫なのかな，名前はあるのかな，と疑問をもつことができた。実際に子どもたちと出かけてもこういう疑問を子どもたちも持つのかな。自分の足で種をつけてそれが芽生える事の素晴らしさをぜひ子どもたちにも感じ取ってほしい。自然と触れることが少なくなっているからこそ，体験してほしい。もし子どもとやって芽が出てこなかったら，あえてそのままにして，芽生えること以外に気づけることをいっしょに探してあげたい。植えた時と比べると，変化は必ずあると思うからだ。とてもいい体験なので，教師や母親になった時，ぜひもう一度やってみたい。

Tさん
　自分の植木鉢を見るまで，きちんと成長しているか心配だったけれど，小さな芽が生えていて，うれしくなった。もっと頻繁に見てあげておけばよかったと，少し後悔した。
　自分が歩いてきた道にはちいさな命がたくさん落ちていたんだと感じた。それを少しだけれど拾うことができてうれしかった。帰りがけにもう一度様子を見に行くと，てんとう虫がとまっていた。なんだか，自分の運んできたちいさな種が大きくなり，それにずっととまっているてんとう虫を見て，ちいさな芽がてんとう虫に選ばれた気がしてすごく嬉しかったし，なかなかてんとう虫を飛ばすことができなかった。ちいさな芽とちいさなてんとう虫に，命の輝きを見つけた気がした。

Uさん
　私のくつしたのはらは，草が一本も生えていませんでした。周りの植木鉢にはたくさんの草が生えていたので，自分のを見た時は，さみしい気持ちになり

ました。子どもと一緒に活動したとしても，同じような状況になることは大いにありえます。以前，そういった状況になった場合，どういう対応をするかを授業で考えましたが，実際に自分が同じ立場になると，また違う見方をするようになりました。自分のだけ生えてこなかったという辛い状況に共感してあげることも大事かなと改めて思いました。そして，周りの子の草をいっしょに観察すると，また勉強になると思います。ただなぐさめるだけでなく，次に繋がるような行動をすることで，実践の意義が深まります。生えてこなかった植木鉢を見つめながら，また自分で挑戦してみたいと思いました。子どもにも，そういう気持ちを持ってほしいと思います。

♣ 討論　自然との出会い

　自分の幼かった頃を思い出し，身近な「自然」とどう出会い，その出会いをどんなふうに自分を生きることに結びつけて大きくなってきたのか，そのかかわりあいの様を具体的に思い出し，グループで発表しあいましょう。そして，子どもにとって，どのような自然との出会いが大切なのか，話しあってみましょう。

話しあいメモ

例

　小さい頃，雨の日に家の中でぐずぐずしていたら，母がわたしを外に連れ出して，「雨がどこから降りてくるのか，ようく見てごらん」と言うので，空をまっすぐ見上げました。初めての経験でした。まっすぐ見上げるわたしに，まっすぐ降りてくる雨。「雨は最初から雨じゃないのよ。雲の中には小さな氷のつぶつぶがいっぱいあってね，それがくっつきあって大きくなっていくと重くてお空に浮かんでいられなくなるの。それで，落っこちてくるんだけれど途中で氷が溶けてお水に変わるの。その変わった姿が雨なのよ」。わたしは，（へぇ～，わたしが出会ってるものって，いろいろ旅をしていろいろ姿もかたちも変わってわたしの前に現れるんだ）ってその時思いました。子どもって，大人よりも自然の不思議に目がいく機会が多いと思うんです。でも，そのまま不思議を受け止めてくれたりその不思議のわけを教えてくれたりしてくれる上手な導き手がいないと，すぐに科学する心をあきらめてしまうと思う。わたしは，母のあの雨の話を聴いたおかげで，自然現象に限らずなにかとの出会いがあるたびに，出会うまでの相手の時間のことを想う癖がつきました。

◆ さらに深く考えてみよう　子どもと科学との出会い

　ワーク12 では，くつしたに付いてきた雑草の種が芽吹く様子から，植物の生命力や交代劇をじかに感じてもらうと同時に，子どもに「自然科学」への関心を持ってもらう1つの手法を学びました。子どもと「科学」との出会いをどのように水路づけるか，その出会いの瞬間を見逃さずにいられるかは，大人がよく考えるべき課題だと思います。教科書のように誰もが同じ1ページ目から「科学」の世界へ入っていくわけではありません。

　そこで，次に紹介するのは筆者が「絵本への道」と題して福音館書店のメールマガジンに1年間連載したものの1つです（2006年1月11日　Vol.50）。子どもが科学の入口に立つとはどういうことなのかを具体的な例を挙げながら考えています。

　　　　　　　　　　　我（が）のつづきの世界
　息子が4歳になってまもないころのことです。家の外から興奮した呼び声。
　飛び出してみると，首に凧糸をくくりつけ全速力で三輪車を走らせているのです。

風をはらみ，息子の頭上で高々とあがる凧。
　「みてみて，ぼくが走ってるよ。ぼくが走ってるよ」
　この世界すべてとの遊びを満喫しているかのような彼のうっとりとした表情とことばが今も忘れられません。「ぼくが走っている」……まさに彼の魂は，その身と離れたところで走っている己の姿を捉え，ぼくと世界との融和を寿いでいたようにおもいます。
　そして，小さい人の世界は「ぼくは」でなく「ぼくが」なのだなぁ，あそこにもここにも「ぼく」の魂をおくことができるのだなぁ。だからこそ，鳥とも風ともポストとも話ができるのだなぁと，つくづく教えられたできごとでした。
　ですから，『ひでちゃんのにっき』（永瀬清子 作／堀内誠一 絵　福音館書店，1981）に出会った時，ああ，ここにも「ぼくが」の世界がある，と思い，なつかしくてたまらない気持ちになりました。
　遠足の朝の様子を綴ったページがあります。ひでちゃんは，お母さんに自転車に乗せてもらって駅へ行き，汽車に乗り込みます。そして，改札口の方をふと振り返るのです。すると，さっきまでぼくを乗せていた自転車がぽつんとみえる。その瞬間ひでちゃんの魂はすっと，汽車に乗っているからだから離れます。
　ぼくが　きしゃに　のっていくとき／じてんしゃは／みみを　ぴんと　たてて　あしぶみし／ぼくも　いきたい／ぼくも　いきたい／と　おもっているようでした
　ひでちゃんは，自転車の様子を擬人化して表現しようとしたのではなく，その魂の半分が自転車によりそっているようです。「ぼくもいきたい」という声はひでちゃんにとってまだ他者の声になり得ておらず，また汽車に乗っているからだだけが自己でもない。どこにも「ぼくが」在る。それゆえ，すべての事象に共感できる時代なのではないでしょうか。この時期のちいさいひとのことばに，なんともいえない世界への慈しみや哀しみを大人が感じ取るのもそれゆえでしょうか。
　しかし，こうした自己と他者がいまだ未分化な「ぼくが」の世界は，またたくまに終わりをつげ，いつのまにか「ぼくは」をひとりで背負いきらねばならない時期につづいていきます。『ひでちゃんのにっき』には，まだ「ぼくは」の世界に足を踏み入れたばかりのとまどいもそのままに，表現されています。
　ぼくは　はじめて　つりをして／それで　タイが　かかるなんて／ぼくは　たまげてしまいました
　ふかい　うみのそこから／ぼくは　タイを　つってしまったのです／ちい

さな　あかい　うれしい　タイ

　ぼくとタイが自己と他者として真っ向から対峙しなければいけない瞬間。ぼくの目の前には，立派に死んだ一匹のタイ。その立派さは他者の重みであり，その立派な死を引き受ける一個の人格としての自己の重み。自己と他者を分かち，これからを生きていかねばならない予感に包まれた，高揚とおののきが「ちいさな」「あかい」「うれしい」の書き連ねになんともみごとに表されています。

　先日，この絵本を読んでいると，4歳のたいきくんが，岩の上のタイをじいっとみつめ，なんにもいわずに指先で，その立派なうろこをなでました。つい先日まで「ぼくが」「ぼくが」ばかりだった，たいきくんにも，「ぼくが」の世界とのさよならがそろそろ近づいているのかもしれません。

　大きくなるということは「無分別」の世界から「分別」の世界へ分け入っていくことでもあります。渾然一体としていた世界が論理という切り口で分けられていく。「分ける」→「分かれる」→「わかる」という道筋をたどっていくのです。これが「科学」の入口に立つということではないでしょうか。石も風も木も犬も猫もぼくも分別しない世界から，「これは石」「これは風」「これは木」「これは犬」「これは猫」そして「他の誰でもないたったひとりのぼく」の存在をそれぞれに分けて認識するようになる。ここから「我」の世界が始まっていくわけです。でも，その始まりでは，まだ「ぼく」も「他者」も極端にいえば内なる自己からは引きはがされた状態です。だから「わんちゃんが走ってるよ」と「ぼくが走ってるよ」の間に差がないのです。まなざしは同一方向に向けられています。そこからやがて「ぼくは」だけを引き受け，自己と他者との区別の中で生きるようになります。上記の例でもおわかりのように，「科学の入口」に立つきっかけも，「科学の入口」から一歩進んで「ぼくが」の世界とそっとさよならする瞬間も，人それぞれです。見逃さずにいたいものです。

◎ ブックガイド

1. 『ファーブル昆虫記』（全10巻）
   ジャン・アンリ・ファーブル（著），奥本大三郎（訳），集英社，2005～
   フランスの博物学者ファーブルが30年をかけて観察した昆虫の生態記録。描かれた昆虫世界のおもしろさとともに，それを見つめる人間の眼の確かさや愛情深さに心打たれます。『ファーブル植物記』（日高敏隆・林瑞枝（訳），平凡社）もユーモアと真摯な観察眼に新鮮な驚きがあります。

2. 『小さな生きものたちの不思議なくらし』甲斐信枝，福音館書店，2009
   40年にわたり，植物や虫と向きあい，幼い子どもたちのために絵本を描き続けてきた著者が，どのように自然というものを捉えているか，なぜ子どもに伝えようとしているのかを，今までの著書を例に挙げながら語っています。著者の科学絵本は写実的な絵で，飾らない文章で構成されていますが，読んでいると対象物に対して「いのち」を感じるのはなぜか，そのわけがわかります。科学絵本はちょっと苦手だと思っている人も，一度手に取ってほしい本です。

3. 『科学と科学者のはなし――寺田寅彦エッセイ集』
   寺田寅彦（著），池内了（編），岩波書店，2000
   明治の物理学者が，平易なことばで，日常の何気ない出来事や現象の奥に潜む大事な法則や地球の成り立ちを語ります。真実を語る飾らない文章が美しく冴えています。

4. 『科学技術時代の子どもたち』中村桂子，岩波書店，1997
   「内なる自然」を喪失しかけている子どもたちの価値観をどう作り支えていくべきか，生物学の視点や児童文学の視点から考えていきます。

5. 『センス・オブ・ワンダー』
   レイチェル・カーソン（著），上遠恵子（訳），森本二太郎（写真），新潮社，1996
   幼い甥と海辺や森を探検し，自然を新鮮な目で親しみと畏怖の念を持って見つめた時の子どもの様子や，著者自身が幼い頃に感じた生命の美しさや神秘等が詩情豊かな文章で綴られています。美しい写真も多く何度も見返したくなる本です。

◇ 味わってみよう

『雑草のくらし──あき地の5年間』甲斐信枝，福音館書店，1985

　　作者は，同じ空地に5年間通い，その空地での草花の生命の攻防を丁寧にスケッチして1冊の絵本に仕上げました。今勢いよく空に伸び上がることと，その勢いがやがて衰えることを知って，自分の生命を輝かせるチャンスをじっと待っていること。地面の上で終わることなく繰り広げられる1つ1つのドラマを知らず，見ようともせずに生きているわたしを振り返ってみる。そして，人間の世界でも同じようなドラマが実は繰り返し起こっていることにも思いをはせてみる。そんな深い時間がきっとページをめくりながら味わえることでしょう。

まとめ

　ここでは，人は自然とどう向きあえばいいのか。また，日々の暮らしの中で目に触れる1つ1つの事象にさまざまなアンテナを持ち，驚いたり恐れたり心を震わせる子どもたちにどう寄り添えばいいのかを考えました。

　たとえば，「火」は危険だから子どもが火に近づかないようにその危険性を教えることと，「火」そのものの熱さや火に物を近づければ「燃えたり溶けたりする」という性質を教えること，また，火を見つめる者の心に点る温かみを知ったうえで上手なつきあい方を子どもなりに考えることの手助けをすること，これらの異なる対応を，その時その時に合わせて選んでいくのが大人の役目です。子どもと自然の向かいあいを前にして，大人であるあなたがたがなにをし，なにをしないかを考え選択していくことが大事なのです。

第10章 ● 子どもと自然・子どもと社会

子どもと社会

　次に，子どもをとりまく環境の中で考えたいもう1つの視点，子どもと社会の関係について，考えてみましょう。

　自然と異なり，「社会」は人間が生活していく中で作り出されていくもの。子どもをきちんと見つめ直すことは，保育や幼児教育にかかわる自分自身の問題であるとともに，子どもにかかわる仕事をする自分が，どういう視点を持って社会にかかわり，生きていくのかにも繋がっていきます。

　さらに，子どもに目を向けるだけでなく，子どもが「社会的存在」であるならば，その社会で子どもがどのように理解され，扱われているのか，子どもが生きる社会にも目を向けていく必要があります。

　子どもの感性や情動特性を単体としてながめ，受け止め，どうかかわるかを学ぶのでは十分ではありません。感性や情動特性・行動の本当の理解をするためには，子どもの置かれている世界を広い目で見ていかなければいけないのです。場合によっては，その世界を変えていく覚悟をも持たなければなりません。広い目で見ることは，政治経済や芸術文化の世界，物理・医療の世界等，学術分野の区別にとらわれず，いつもそれらを融合させて多角的に子どもの生きている現在の問題を考えていくことです。

♠ ワーク13：遠い国の友だちへのおもてなし

① あなたの家に，アフガニスタンの難民キャンプから6歳の男の子を3か月預かることになりました。その計画をなるべく具体的にワークシートに書いてみましょう。
② 書き終わったら，少し客観的に自分の計画の中心になにが意識されていたかを考えてみましょう。
　＊たいへん厳しい生活環境に置かれた異国の子どもを「もてなす」「喜ばせる」「ホッとさせる」というようなことに気を配る反面，彼が本当に求めているものはなんなのか，彼の立場になって考える視点を持てていたでしょうか？
　＊今日本に住む自分ができること，やらなければいけないこと，勇気を出せばできるかもしれないこととはどんなことでしょう？
　＊上記のような視点でもう一度このワークを見つめ直してみましょう。

＊「わたしはあなたであったかもしれない。あなたはわたしであったかもしれない」。このことを常に念頭に置いて，綺麗ごとの「異文化理解」「国際理解」で終わらせない世界との接点を探してください。

子どもたちが世界を知るとはどういうことなのかを考えることは，大人である自分の気づいていなかったこと，学んでいかなければならないことにも自覚的になり，社会の事象にアンテナを巡らせなければならないことに気づきましたか？

世界との接点を考えるためのメモ

ワーク13：遠い国の友だちへのおもてなし

　あなたの家に，アフガニスタンの難民キャンプから6歳の男の子を3か月預かることになりました。

　1．どんな準備をしてどんなふうに出迎えますか？

　　（理由）

　2．最初の日はどんな料理を出しますか？

　　（理由）

　3．どんな会話をしますか？

　　（理由）

　4．どんなふうに話しかけますか？

　　（理由）

　5．3か月の間にどんなことをしますか？

　　（理由）

♣ 討論　日本に不法滞在していた一家の国外退去問題

　1992年，1993年と相次いでフィリピンのマニラから不法入国し日本で生活をしていた両親とその両親の間に日本で生まれた長女。この一家の不法滞在が，2006年，万引き事件の検挙をきっかけに，発覚。両親は，ブローカーから他人名義の旅券を入手し，不法入国した入国管理法違反，他人名義で外国人登録した外国人登録法違反の罪が問われ，在留資格申請がなされていなかった長女にも入国管理法違反の罪が問われました。しかしながら，長女が日本で生まれ日本の生活に馴染んでいることから，以後フィリピンへの退去が行われると日常生活に多大な支障があるだろうと，マスコミ報道を中心に論議が高まりました。法務省は，家族3人が強制退去するか，長女だけは在留特別許可を申請して日本にとどまるか，どちらかを選択するよう通告しました。結果，一家は，長女を日本に残して，父母のみフィリピンに強制退去される道を選びました。

　その後長女は支援団体が募る基金などにより，日本での生活を続け，高校を卒業，大学への進学を果たしました。

　この家族が法の下に裁かれ，一家が離散したことに対して賛否両論があります。「ひとり取り残される長女がかわいそう」とことさらに強調したマスコミの報道の仕方にも問題があったといわれています。今ではこの問題はほとんど話題に上らなくなりましたが，一家の生活は続いていますし，同じような問題は，世界中で後を絶ちません。

　小グループで，このような事件のことを調べ，自分たちはどう考えるかを話しあってみましょう。

話しあいメモ

＊大切なことは，単なる同情論や排他主義に陥ることなく，「どういう価値判断の もとにこの一家の立場を尊重するのか」ということでしょう。
＊日本には憲法で保障された「基本的人権」があります。この人権が全世界の人々 を視野にいれたものであるのかどうか，「守られるべき人権」に限定された範囲 があるのかどうか，法律や制度の指す「人権」についても，この機会に考えて みましょう。

　聞こえのいい「異文化理解」・「国際理解」ということばになんとなくわかっ たふうなスタンスをとることなく，この世界をどう生きるのか，どう創りあう のかを考えていくきっかけがつかめたでしょうか。

◆ さらに深く考えてみよう　日本社会における子ども問題

　ここでは，日本国内で起きている子どもをめぐる問題について，日本社会全 体の問題として捉え直してみましょう。

　日本では，長い間男性中心社会が続き，「女・子ども」は保護の対象とみな されてきました。それが，21世紀に入る頃から，「子ども」が社会の前面に出 てくるようになりました。「子ども問題」の出現です。県庁や市役所には子ど も局や子ども課が新設され，大学にも「子ども」をキーワードにした学部・学 科が多く誕生しました。子どもが，幼児保育や小児科といった専門分野の対象 であることを超え，社会全体の問題として扱わなければならなくなったことを 意味します。「子ども問題の社会化」という新しい事態が起きたのです。

　ここには，どんな事情や背景があるのでしょう。最も大きな問題は少子化で す。1970年代には年間200万人以上の赤ちゃんが生まれました。それが，晩婚・ 晩産化等により出生数が年々減少。1984年に150万人，2005年には110万人を 切りました。2014年上半期は49万6,391人で，ついに年間100万人を割る可能性 も出てきました。

　こうした急激な少子化にもかかわらず，総人口はそれほど急には減っていま せん。医学・医療の進歩により長寿化が進んだからです。男女とも今や人生80 年となり，女性に限れば世界一の長寿国です。1つ押さえておくべきことは， 長寿化は即高齢化社会ではないということです。高齢化（率）とはその社会に おけるお年寄りの割合を指します。ですから出生率が上がって人口増加に転じ れば高齢化率は下がります。その意味では少子化の問題は大きいといわねばな

りません。

　さて，2008年，日本は人口減社会へ転じました。現代日本社会にとって，初めての経験です。これに関連してさまざまな出来事が身近に起きるようになりました。学校の統廃合はその顕著な例です。子どもが少なくなれば，教室が余る，先生の配置人数も調整が求められます。余った教室はどうするのか，取り壊すのか再利用するのか，それはだれが，どういうかたちで行うべきなのか。学校は学びの場だけでなく地域の公共的な拠点という性格もあるなど，考慮するべきことはたくさんあります。

◎ ブックガイド

1．『子どもの社会的発達』井上健治・久保ゆかり（編），東京大学出版会，1997
　　子どもがどのように社会性を獲得していくのかを発達学的側面から順序立てて解説しています。また，そうした社会性の発達はどのような文化的要素の影響を受けているのかについても最終章で論じています。
2．『子ども・学校・社会――教育と社会の文化学』
　　稲垣恭子（編），世界思想社，2006
　　特に第Ⅲ部「教育・社会・システム」を読んで，誕生から死までのライフコースを社会学的視点から問い直してみてください。戦後日本型のライフコースを意識し，それを相対化してみることも興味深い学びとなるでしょう。
3．『名前をうばわれたなかまたち』
　　タシエス（作），横湯園子（訳），さ・え・ら書房，2011
　　いじめによって追い詰められ奪われてしまう最大のものはアイデンティティ。「名前」に託していじめの問題を社会構造の中で浮き彫りにしていく絵本です。
4．『小学4年生の世界平和』
　　ジョン・ハンター（著），伊藤真（訳），KADOKAWA，2014
　　アメリカの小学校4年生の教室で実際に行われている授業の再現記録。仮想の4つの国を中心に山積する国際問題，国内の問題を子どもなりに整理分析し，平和への道筋をゲーム形式で真剣に学んでいきます。
5．『マルチメディア時代の子どもたち』坂元昂，産調出版，1995
　　マルチメディアを積極的に活用し子どもたちの学習意欲を高めていく実践報告です。マルチメディアと想像力・創造力の関係について考えるきっかけになります。

◇ 味わってみよう

『ぼくの見た戦争　2003年イラク』高橋邦典（写真・文），ポプラ社，2003

　報道写真家の著者は，2003年に始まったアメリカのイラク攻撃が，イラクの人々にもたらしたものを，カメラに収めていきました。着の身着のままで住み慣れた街をあとにする避難民たちの多くは女性と子どもたち。いつの時代も戦争で一番の被害を受けるのは弱い女性と子どもたち。写真の1枚1枚を眺めていると，遠い国の気の毒な人たちの惨劇を知らされているのではなく，わたしたちの日常にも「正義」という名の一方的な暴力が存在することを思い知らされます。世界中のどこに生きようと同じ空の下の同居人として問題の本質を見抜き，英知による解決の道筋をさがす努力を重ねていきたいものです。

> **まとめ**
>
> 　今起きている社会現象の主役のひとりは，「子ども」といってもいいでしょう。子ども問題は，保育や教育という限られた分野を超えて社会全体で取り組むべき課題といえます。社会は，人が生き暮らしていく場であり，ひとりではなく人と人が繋がりあって生きていかねばなりません。そのことをしっかり理解した上で，どう「子ども」のことを考えていけばいいのかを常に問い続けてほしいというのが，この章のねらいでした。
>
> 　異国で起きているさまざまな紛争に巻き込まれていのちの危機にさらされている子ども，同じ地域の中で誰にも発見されずに貧困や虐待でいのちを落とす子ども。彼らのことを「外の問題」とせず，自分が生きることの延長線上に受け止め，自分になにができるのかを考え続けるきっかけにしてほしいと思います。

COLUMN

「子ども」を社会科学するということ

　人口減を食い止めることは，現在日本政府の最大の課題となっています。人口は国力の象徴ということもありますが，出生率1.35前後という状態が続くと2060年の人口は約8,600万人という推計が出ており，経済の活力が衰え，社会保障制度が維持できなくなるとの危機感があるからです。「子ども・子育て支援新制度」や，待機児童解消と保育の充実に力を入れているのもそのためです。

　しかし，人口増の実現はそう簡単ではありません。若い世代の未婚や晩婚が増えているのは，生き方の多様化も理由としてあげられますが，経済的に余裕がないことが大きいようです。そうした状況を踏まえ，テレビメディアで時折見るような出会いの場を作るなどの場当たり的，一過性的なことではなく，仕事と子育ての両立ができる環境整備といった，根本的な対策が必要でしょう。働くかたちとも関連しますが，非正規雇用では経済的にとても不安で子育てはできないという，格差是正を求める声をしっかり受け止めなければなりません。

　さらに，人口減と冷静に向きあい，生き方や価値観とも絡めて豊かさとはなにかを考える機会にしようとする新たな議論もあります。安倍政権が地方創世「長期ビジョン」をまとめた際に，出生率1.8を「目指すべき目標」として打ち出したところ，「出産の押し付けだ」と反発する声や心配する声があがりました。反発に対して政権サイドは「数値目標ではない」と引き取って騒ぎをおさめました。こうした懸念の声があがる背景には「産めよ増やせよ，国のため」と叫ばれたつらい歴史があります。

　70年以上も前の戦時中，兵隊や軍需工場に従事する人を確保するため，当時の政府は人口政策確立要綱を決定し「産めよ増やせよ，国のため」の標語で結婚や出生を奨励しました。それを思い起こさせるというのです。今は結婚や妊娠，出産は個人の選択の問題，人権でもあるという考えが強く，そこから「出生率提示は押し付け」と警戒することもなるほどと思わせます。

　子ども問題を考える時，この国がどのような道を歩んできたか，歴史的な視点が欠かせないことも知っておかなければなりません。それもまた，歴史的社会的に考えるという意味で「子ども」を「社会科学する」ことなのです。

おわりに

　自分を軸に子どもをとりまくさまざまな問題を考えてみることで，子ども時代を生きることの意味が，これまでとは違うかたちで見えてきたのではないでしょうか。今一度このテキストで重ねてきた自分なりのワークの成果を分析してみてください。

　第1章で描いた地球。その地球の上で起こるさまざまな出来事。ちっぽけで取るに足らないことだと考えることもできますが，そのちっぽけな1つ1つの営みに，どれほどの喜びや哀しみが込められていることか。そのことを感じてもらうために，一番最初のワークにこれを選びました。ささやかで消え入りそうなひとりずつ1つずつの存在が寄り集まって，地球全体を揺り動かすような企てをする。争いを起こす。この愚かさや矛盾を，あなたは子どもたちにどう伝えていきますか？　自分の描いた「わたしの大事な地球」の絵を忘れずに，考え続けてくださいね。

　ワーク2は，時計で確かめる時間の流れとは異なる，身体の中を流れる生き生きとした時間に気づいてもらうためのワークでした。子どもたちと過ごす時間の枠をどう広げ，どう見守っていけばいいのか，そのヒントはやはり，今を生きあうあなた自身の生き生きとした生活時間の中にあるのです。

　ワーク3は，あなたがこの世に誕生してから現在に至るまでに出会ったさまざまな出来事は，どんなふうにものがたり化され自分の記憶として取り込まれているのかをたどり直してみるワークでした。自分の子ども時代を振り返ってみるといろいろなエピソードが色やにおい，音や手触りなど身体感覚を手がかりに静かに記憶されていることが明らかになりました。そしてその記憶は，だれかに語ることによって徐々に鮮やかになっていくことも実感できたのではないでしょうか。実は多くの児童文学作家が試みている「おはなしづくり」の根っこにあるのも，こうした作業だったりするのですよ。

　ワーク4は，今ではほとんど見られなくなってきた，子どもがわずかなおこづかいを握り締めて集まり，猥雑なコミュニケーションが成立していた駄菓子屋の文化に着目し，そこから子どもをターゲットにした消費文化の実像を知ろうとするものでした。これまで，じっくり見たことなどなかった「駄菓子のパッ

ケージ」とにらめっこをしてみて，いろんな発見があったのではないでしょうか。そしてその発見は，子ども消費者に向けた経済市場の巧妙な戦略であることは，見逃すわけにいきませんね。食育について考える1つの切り口にもなり得ます。

　ワーク5では，自分が幼い頃に夢中になったヒーローとはどんな力や特技を持っていたのか，子どもにとってどこが魅力的に思えるのかを振り返って整理しました。ヒーローに憧れるまなざしは，実は今ここに在るちっぽけな自分へのまなざしの裏返しであること。そして，メディアが創り出す新たなヒーローは，そのヒーローを生み出す社会の弱さや脆さの裏返しでもあることに気づけたでしょうか。

　ワーク6では，自分が子ども時代に夢中になったゲームの特色を改めてじっくり眺め直しましたね。子どもにはあまり触れてほしくないサブカルチャーだと大人はとかく排除しがちですが，そうした中身を知ろうとせずひとくくりに断罪してしまうことの危うさを知ったのではないでしょうか？　子どもに媚びるのではなく，子どもが夢中になるものの本質をつかまえていく努力がいつの時代も必要です。

　ワーク7では，大人になってからすっかり遠ざかっていたままごと遊びをグループでしてもらいました。久しぶりのままごと遊びはたっぷり楽しめましたか？　子どもの頃はどうしてこんな単純な「ごっこ」が楽しかったのでしょう？　大人になることに憧れていた子ども時代の素直なまなざしの行方を追ってみることで，わたしたちが気づいていなかった「大人生活」があぶり出されてくるはずです。

　ワーク8は，見えないはずの風を見るワークでした。子どもの日常は，風にとどまらず自然に語りかけ，見えなかったり，聴こえなかったりするものに対して五感をフル活動させます。そして，今この瞬間の自然との出会いを楽しむ，それが遊ぶということに繋がっていきます。自然相手の出会いはいつもその一度きりです。一度きりを繰り返し，何度でも新しく遊ぶことの大切さを覚えておきましょう。

　ワーク9では，大人が子どもに向けて選書し，それを読む一般的な「絵本の読み聞かせ」ではなく，目の前にいるあなたのことを思い，あなたのために自分の声を用いる喜びと温かさを知ってもらうための「絵本の読みあい」を体験してもらいました。絵本を読むということは，絵本の中身を伝えるということだけでなく，今生きてあなたの前にいるわたしまるごとが声を通して届けられ

る営みなのだと知ってほしい。そしてそれは，聞き手をひきつけるための過度なパフォーマンスとは遠くかけ離れた，自然な心の渡しあいなのだと気づいてもらえたら，それぞれの絵本をどんなふうに読めばいいのかも自然にわかってくるはずです。

　ワーク10で試みたミニ読書会は，物語と自分との一対一の対話が，同じように他者の読書の中にも存在すること。そして，自分の読みと他者の読みを重ね合わせることで，さらに新しい理解が深まることを実感するものでしたね。

　ワーク11は，「語ること」の意味を捉え直すために，まずは何気なく会話をしている時のその声を見つめ直してみようとするものでした。声は語りだす人が作った「相手に届けたい」という意思の道を通ってくるのです。この道が狭くあやふやだと，当然相手にもしっかり届きませんね。声は相手を傷つけるためのものではなく，丁寧に愛することのために用いられるものであってほしいです。

　ワーク12は，戸外に出て，日頃は見過ごしがちな足元の植物や生き物と対話しながら，自然界の生命の力について考え直そうとするものでした。植木鉢の中で展開される草花たちのいのちの攻防は，存在することの重さや種を絶やさないという絶対の使命にまっすぐ繋がるものでしたね。この経験が子どもたちと共に科学する心の一歩になってくれることを願っています。

　ワーク13は，日頃「違う」ということを自分の身から「遠い」ところへ置きがちな社会に関するまなざしを問い直すものでした。観る力，感じる力を鍛え，自分に〈世界〉を引き寄せて生きる習慣を子どもたちと共に身につけていきたいものです。

　さぁ，それでは，最後のワークです。ここに，10年後の「自分と子どもたちが生きる世界」を描いておきましょう。そこに，あなたと子どもとそして世界の希望が，ささやかでも垣間見えますように。

村中　李衣

10年後の自分と，子どもたちの世界を想像して書いてみましょう。

あなたのサイン＿＿＿＿＿＿＿＿＿＿＿＿＿＿＿＿＿＿＿＿＿

編著者プロフィール

村中　李衣　ノートルダム清心女子大学人間生活学部児童学科教授
　　　　　　児童文学作家・児童文学者

　絵本や児童文学の創作の傍ら，0歳から100歳まであらゆる世代のひとと読みあいを続ける。活動の場所は，小児病棟，老人保健施設，刑務所と幅広い。『チャーシューの月』（佐藤真紀子 絵　小峰書店）で日本児童文学者協会賞，『あららのはたけ』（石川えりこ 絵　偕成社）で坪田譲治文学賞，『こくん』（石川えりこ 絵　童心社）でJBBY賞を受賞。
　主な著書に，『体育がある』（長野ヒデ子 絵　文研出版），『「こどもの本」の創作講座』（金子書房），『女性受刑者とわが子をつなぐ絵本の読みあい』（かもがわ出版）などがある。

分担執筆者（五十音順）

大田利津子　沖縄女子短期大学非常勤講師　pp.106-108
片平　朋世　ノートルダム清心女子大学講師　p.65　p.68　p.70　pp.87-93
加藤　邦彦　佛教大学教授　pp.48-49　pp.57-58　pp.94-95
平田千悦子　沖縄女子短期大学非常勤講師　pp.104-106
眞榮城栄子　くすぬち平和文化館副館長，紙芝居研究家　pp.111-112
宮崎　勝弘　元朝日新聞編集委員　pp.128-129　p.131

ワークで学ぶ児童文化
感じあう　伝えあう

2015年4月21日　初版第1刷発行　　　　　　　［検印省略］
2023年3月31日　初版第7刷発行

編　者　　　村中李衣
発行者　　　金子紀子
発行所　株式会社　金子書房
　　　　〒112-0012　東京都文京区大塚3−3−7
　　　　TEL 03-3941-0111㈹　FAX 03-3941-0163
　　　　振替　00180-9-103376
　　　　URL https://www.kanekoshobo.co.jp
印　刷　　　藤原印刷株式会社
製　本　　　一色製本株式会社

Ⓒ Rie Muranaka, et al. 2015　Printed in Japan
ISBN 978-4-7608-3905-6　C3037